LA MUJER
EN LA OBRA DE
ENRIQUE A. LAGUERRE

RUTH E. ORTEGA-VELEZ

LA MUJER
EN LA OBRA DE
ENRIQUE A. LAGUERRE

EDUPR

EDITORIAL DE LA UNIVERSIDAD
DE PUERTO RICO
1989

Primera edición, 1989

©Universidad de Puerto Rico, 1989

Catalogación de la Biblioteca del Congreso
Library of Congress Cataloging-in-Publication Data

Ortega-Vélez, Ruth E.
   La imagen femenina a través de la obra literaria de
Enrique A. Laguerre.

Bibliography: p.
Includes index.
1. Laguerre, Enrique A. —Criticism and interpretation.
2. Women in literature.
3. Puerto Ricans in literature.
I. Title.
PQ7439.L3Z84   1989   863   89-5382
ISBN 0-8477-3636-9 (pbk.)

Tipografía y diseño: Tipografía Corsino
Ave. Fernández Juncos 1752, Santurce, P.R. / 727-3937

Portada: Walter Torres

Impreso en los Estados Unidos de América
Printed in the United States of America

EDITORIAL DE LA UNIVERSIDAD DE PUERTO RICO
Apartado 23322
Estación de la Universidad
Río Piedras, Puerto Rico 00931-3322

A mis hijos:
Alex, Orville, Christian,
Alexander y Elsa.

A mi esposo.

A mis padres y mis hermanos.

A todos los que han demostrado
su confianza en mí.

Reconocimiento

Este trabajo representa un esfuerzo por mostrar la imagen femenina vista por Enrique A. Laguerre a través de su obra literaria. Deseo manifestar mi profunda gratitud a las personas que hicieron posible su realización, pero debo aclarar que sólo es mía la responsabilidad por las conclusiones que se hacen aquí.

Mi mayor reconocimiento es para la mujer puertorriqueña representada en mi madre: doña Virginia.

A mis hijos que tanta paciencia han demostrado.

Al doctor Leslie Wilson por su valioso asesoramiento.

A los doctores Ernest Rehder y Louis Bourgeois.

Al doctor Enrique A. Laguerre por la entrevista que tan amablemente me concedió.

A la memoria de Leslie Mc Cloud y Víctor Valedón porque me enseñaron la pequeñez de los obstáculos a vencer y porque cada día de sus vidas fue de esfuerzo y superación.

A mis maestros: Nina Valentín, Eugenio Rentas Lucas, Carmita Miranda, Lola Rodríguez Estronza, Lydia Cruz de Rivera... por la huella que han dejado en mi vida.

A Ramón, mi esposo. Sin su continua ayuda este trabajo jamás hubiera podido ser realizado.

Y, sobre todo, a nuestro Padre celestial por todas sus bendiciones.

CONTENIDO

Carta de Enrique A. Laguerre
a la autora

Estimada Sra. Ortega:

No había querido escribirle antes de haber leído su manuscrito "La imagen femenina a través de la obra literaria de Enrique Laguerre". Estos dos últimos meses han sido algo terribles para mí, por la enorme cantidad de trabajo que he tenido y lo que no pude hacer durante el resto del año lo dejé para el verano y la acumulación de obligaciones fue inusitada. No es ya la nueva obligación que me he echado encima en la Junta de Directores del Instituto de Cultura, sino mi propia obra literaria, libros míos y libros que se han escrito sobre mí, particularmente los de Estelle Irizarry (Georgetown University) y María del C. Monserrat. Ya han salido dos de Estelle y dentro de poco saldrá el voluminoso estudio de la profesora Monserrat. Además, en octubre o noviembre ha de aparecer mi novela Infiernos privados. *Mientras tanto, ya tengo escrito el borrador de mi novela duodécima.*

Ofrecía el semestre pasado un curso sobre literatura brasileña y he comenzado este semestre otro curso sobre literatura antillana. De conferencias, no digamos.

Pero por fin he tenido el gusto de leer su trabajo, en rigor, muy interesante. Creo que en sus "Conclusiones" deja usted establecido una realidad sobre mis novelas en general y que también se aplica al tema que usted trata, en particular: "...hemos llegado a concluir que las imágenes trazadas por el autor responden a una época histórica de la vida puertorriqueña". "El novelista ha buceado en la realidad y ha sacado en sus obras personajes femeninos que dicen más sobre la mujer que muchos libros escritos sobre la historia puertorriqueña". Claro está, una realidad "ficcionalizada", matizada por la imaginación y la poesía puesto que la novela no es crónica periodística. Para esto último están mis Hojas Libres —de las que he escrito más de un millar— y recogen lo que en inglés llaman "history in the making", sin que dejen de reflejar los gustos y las preferencias del autor.

Pero volvamos a la novela. Comenzando con La resaca, *mi cuarta novela, se destacan estas épocas:* La resaca, *último tercio del Siglo XIX;* Los dedos de la mano, *primer tercio de este siglo;* La llamarada, *los treinta;* Solar Montoya, *hasta los cuarenta;* La ceiba en el tiesto *y* Cauce sin río, *la transformación física de Puerto Rico. Obras como* El fuego y su aire, Los amos benévolos *e* Infiernos privados *presentan a un Puerto Rico sujeto a los vaivenes de esa transformación.*

Es decir, me he dedicado a dejar "testimonios" novelados y personalísimos de esos momentos, sin que les falte la autenticidad histórica de las Hojas Libres. Pero la novela es literatura y Hojas Libres es periodismo.

Aquí no se pueden crear "imágenes" de mujeres y hombres que no existen. Para hacerlo con Brazos de Oro *precisa la leyenda de los años que pasan. Sin duda hubo personalidades como Dolorito Montojo en el Siglo XIX y los ha habido en los actuales momentos; por ejemplo, Julio Antonio Soler, de* Los dedos de la mano.

Advierto que su trabajo está realizado con afecto. Ha abordado un tema que ha suscitado críticas encontradas y ha salido airosa en su empeño de desarrollar bien su tema.

Gracias, señora Ortega, por la oportunidad que me dio de conocer su valioso trabajo.

Cordialmente,

Enrique A. Laguerre

Introducción

Enrique A. Laguerre ocupa un sitial de preferencia dentro de la literatura puertorriqueña por el valor de su obra y por ser el autor más estudiado en razón de su estilo, de su temática y de su universalidad. Sin embargo, a pesar de que Laguerre en sus obras también plantea conflictos típicamente femeninos, la crítica hasta ahora no ha intentado presentar una visión de la existencia femenina a través de sus novelas. Es decir, se ha estudiado su obra en conjunto, destacando el estilo, sentido y forma, pero sus personajes femeninos no han sido analizados aún para ilustrar cómo estas imágenes responden a relaciones históricas y sociales de la vida puertorriqueña.

Muy acertadamente Angelina Morfi dice que en *La resaca* la mujer no ocupa un sitio prominente; muchas veces su paso es fugaz lo cual no permite crecer como ente humano. Cree ella que si Laguerre calara con más detenimiento en las figuras femeninas, éstas podrían convertirse en figuras interesantes.[1] Buscando con atención hemos encontrado que los señalamientos de Angelina Morfi muy bien se pueden aplicar a la mayor parte de las novelas de Laguerre. Sin embargo, debemos considerar que el autor tiene la libertad para darnos a conocer sus personajes interpretándolos desde distintos

---

[1] Angelina Morfi, *La resaca, obra cumbre en el novelar de Enrique A. Laguerre* (San Juan, Puerto Rico: Instituto de Cultura Puertorriqueña, 1969) p. 95.

aspectos. Debemos considerar, además, el período de formación artística, edad, fecha de publicaciones y el período histórico que influye en esa visión de la imagen femenina que el autor nos muestra desde *La resaca* hasta *Los amos benévolos*, trazando así la evolución de la mujer puertorriqueña durante un siglo de historia.

Aunque la presentación de la mujer y sus conflictos no son el elemento clave de la novelística laguerreana, el propósito de este estudio es ilustrar cómo la imagen femenina trazada por Laguerre, a través de sus novelas, responde a relaciones históricas y sociales existentes en un contexto particular.

Para presentar el desarrollo o evolución de esa trayectoria, hemos creído necesario comenzar con *La resaca*. Aunque no es ésta la primera novela de Laguerre, en ella pone de relieve la situación de sumisión de la mujer puertorriqueña del siglo XIX.

Partiendo de una organización ordenada cronológicamente, hemos logrado determinar las constantes de la visión de Laguerre en su trayectoria literaria. Visión que hemos podido reforzar a través de una entrevista personal con el escritor; y, basándonos en investigaciones sociológicas, antropológicas y literarias, hemos intentado aproximarnos a su obra para destacar los elementos esenciales de la problemática femenina inserta en el contexto social e histórico correspondiente.

Capítulo I
Apuntes sobre la vida y la producción literaria de Enrique A. Laguerre

Se ha comentado que a través de los tiempos la literatura ha sido el más fecundo instrumento de análisis y comprensión del hombre y de sus relaciones con el mundo; que la literatura representa un modo de comprender al hombre y la vida y que revela verdades humanas.[1] Pero, cada período se caracteriza por una cosmovisión en la cual se destacan preocupaciones singulares, preferencias por sectores específicos de la realidad y modos determinados en la plasmación de temas y motivos característicos.[2] Porque el escritor es un ser sensible ante la problemática de su época, antes de emprender el estudio de la imagen femenina a través de la obra literaria de Enrique A. Laguerre, estimamos conveniente señalar, a grandes rasgos, aquellos elementos sociales o ideológicos que de una u otra forma influyen en su visión de esa realidad.

Apuntes biográficos

Enrique A. Laguerre nació el 3 de mayo de 1906 en el barrio Aceituna de la municipalidad de Moca, Puerto

---

[1] Víctor Manuel Aguiar e Silva, *Teoría de la literatura* (Madrid: Gredos, 1978) 71.

[2] Lucía Guerra-Cunningham, *La narrativa de María Luisa Bombal: una visión de la existencia femenina* (Madrid: Nova-Scholar, 1980) 11.

2 RUTH E. ORTEGA-VELEZ

Rico. Nace y crece en un ambiente campesino. De ese contacto con la naturaleza, el hombre y sus problemas, surge el estilo que va a definir toda su obra.

En Isabela, Puerto Rico, cursa Laguerre los primeros estudios. Luego se traslada a la ciudad de Aguadilla donde se gradúa de octavo grado y de escuela superior. En 1925 comienza su labor en el magisterio en el barrio Centro de Moca. Revela el autor que muchos de los personajes conocidos allí le sirvieron de inspiración para varios de sus cuentos y novelas.

A principios de la década de los 30 desempeña funciones de preceptor en el Hogar Insular de Niños. Continúa estudiando durante los cursos de verano de la Universidad de Puerto Rico y en 1937 termina su Bachillerato en Educación. En 1941 adquiere su Maestría en Artes y desde entonces es profesor de la Universidad de Puerto Rico, donde ha dictado cátedras de literatura española, hispanoamericana, antillana, puertorriqueña y brasileña.

En 1959 viaja a Nueva York para dictar cátedras de literatura puertorriqueña en la City University of New York. También viaja por Iberoamérica: México, América Central, Las Antillas, Argentina, Uruguay, Brasil... En México fue director de un proyecto de la U.N.E.S.C.O. En Brasil estudió literatura brasileña para iniciar tal cátedra en la Universidad de Puerto Rico. Pero los viajes hacia el exterior no lo han desarraigado de su tierra; al contrario, le han servido para estudiar con actitud crítica la realidad puertorriqueña. Sus juicios calan tanto en aspectos positivos como negativos de Puerto Rico, y muestra con sinceridad su preocupación por todos los problemas sociales del país y por asuntos de interés político, educativo, cultural, etc.

En 1974 lo nombraron director del Departamento de Estudios Hispánicos de la Universidad de Puerto Rico; cargo que ocupó hasta 1976. Con motivo de su retiro como director de dicho departamento, en un discurso de despedida nos dice de él don José Ferrer Canales:

...Este puertorriqueño que ha consagrado la totalidad de su vida a la creación y a la formación integral de la juventud, ha sido nuestro Director y ahora se retira del Departamento de Estudios Hispánicos el que con su prestigio grabó, cinceló el nombre de la Universidad de Puerto Rico en el mapa cultural del mundo.[3]

Producción literaria

Pocos escritores en Puerto Rico han hecho incursión en tan variados campos de la literatura y por tan largo tiempo como Enrique A. Laguerre. Con su obra se ha distinguido como novelista, ensayista, crítico literario, prologuista, autor de un drama, y de numerosos artículos de interés general.

Su obra refleja la marcada herencia de la preocupación social que es nota característica de nuestra literatura desde su origen, poniendo siempre en evidencia una franca actitud reformista, y la denuncia de las injusticias políticas y sociales que ha sufrido el puertorriqueño frente a su momento histórico.

Los estudiosos de la literatura puertorriqueña sitúan a nuestro escritor como miembro de la Generación del 30.[4] Con la Generación del 30 se inicia en Puerto Rico el florecimiento de una literatura esencialmente nacional. Esta generación agrupa a ciertos escritores que coinciden en la revista *Indice* dirigida por Antonio S. Pedreira, Antonio Collado Martell, Samuel R. Quiñones y Vicente Géigel Polanco. Es *Indice* la revista que da las pautas de esta generación.

Según explica el propio Laguerre, los hombres de la Generación del 30 utilizan una lengua bastante común; se lucha por amalgamar los conceptos de la vida tradicional con conceptos de mejoramiento social, se brega por hallar el nivel de la vida puertorriqueña; se examina nuestro

---

[3] José Ferrer Canales, "La despedida al profesor Laguerre", *El Mundo*, 1 de agosto de 1976: 11-C.

[4] Francisco Manrique Cabrera, *Historia de la literatura puertorriqueña* (Río Piedras, Puerto Rico: Cultural, 1974) 311-313.

haber cultural, nuestra literatura, nuestra biografía, nuestra historia, nuestros procesos educativos, nuestras raíces jíbaras y mestizas; se pone de manifiesto un caluroso afecto por el idioma vernáculo y se revisan las ideas lingüísticas.[5] Para ellos, tan importante es lo que ya se ha hecho como lo que aún falta por hacer; y mientras tanto, luchan por fortalecer nuestro tradicional aprecio por la educación.

En la obra de esta generación vemos reflejado el gran interés criollista que se desarrolló desde 1929 hasta 1936. Este interés se manifiesta en ahondar en las raíces hasta encontrar las causas perturbadoras y denunciar los engendros desvirtuadores, para entonces trazar rumbos y enderezar caminos.[6]

"Algunos de estos intelectuales también son protagonistas de la vida puertorriqueña que oscila entre la vida cultural y la participación política activa. Vicente Géigel Polanco, en sus libros, recoge las preocupaciones propias de la década del 30. Como autor de casi toda la legislación social con que contamos, como defensor de la independencia puertorriqueña y como interesado en el desarrollo auténtico de la vida universitaria, ha escrito y continúa elaborando obras que plasman su pensamiento sobre tales problemas."[7]

La búsqueda positiva de una autonomía cultural y un sentimiento de personalidad nacional queda resumida del modo más patente en el libro *Insularismo* (1934) de Antonio S. Pedreira. Director del Departamento de Estudios Hispánicos en la Universidad de Puerto Rico, Pedreira fue la fuerza estimuladora que emprende la tarea de clasificar e interpretar la producción literaria puertorriqueña.

---

[5] Enrique A. Laguerre, *Pulso de Puerto Rico* (San Juan: Instituto de Cultura Puertorriqueña, 1964) 314-315.

[6] Cabrera 289.

[7] Cabrera 89.

Motivado por el *Insularismo* de Pedreira, sale a la luz
pública en 1935 el *Prontuario Histórico de Puerto Rico* de
Tomás Blanco, libro que constituye una interpretación
más o menos sicológica de la historia. Por otro lado,
Emilio S. Belaval en sus *Cuentos para fomentar el
turismo* (1935) estudia las características de su pueblo
para dárselas a conocer, para que sintiéndolas y cono-
ciéndolas, Puerto Rico afinque en ellas la permanencia de
su realidad y certidumbre de saberse un pueblo con una
personalidad definida; un pueblo que no puede ser otro
porque tiene esas características especiales que lo definen.

Es una realidad que Laguerre recoge a través de toda su
obra. Mas es en sus novelas donde ha concentrado su
creación literaria, ya que es el género en que con más
soltura y eficacia se desempeña. Tal vez consciente de este
hecho se ha vinculado al género desde que publicó su
primera obra, demostrándonos por medio de él la evolución de las circunstancias puertorriqueñas desde 1935.

Por el ámbito geográfico en que se desenvuelve, podemos dividir la obra novelística laguerreana en dos grupos.
El primer grupo está constituido por las novelas que se
distinguen por su tema telúrico: *La llamarada* (1935),
Solar Montoya (1941), *La resaca* (1945), y hasta cierto
punto, *Los dedos de la mano* (1949). El segundo grupo lo
forman aquéllas cuya acción novelesca tiene por esce-
nario el centro urbano: *El 30 de febrero* (1943), *La ceiba en
el tiesto* (1956), *Cauce sin río* (1962), *El laberinto* (1959) y *El
fuego y su aire* (1970). En cuanto a *Los amos benévolos*
(1976), hay que señalar que esta novela se desarrolla en
Puerto Rico, aunque pudiera suceder en cualquier país.

Aunque se ha dado de lleno a la novela, Laguerre
también ha ensayado varias veces el cuento. Se ha dicho[8]
que sus cuentos constituyen los bocetos de sus novelas.
Así, el cuento "Pacholí" está considerado como un capí-
tulo rezagado de *La llamarada*. "El muchacho del gesto

---

[8] Morfi 59.

cansado", al igual que *El 30 de febrero*, recoge la sicología enfermiza de un niño que vive en un asilo y que desconoce su origen. "Raíces", que trata el tema del regreso a la tierra, es un preludio de *Solar Montoya*. "El enemigo", por su hondura sicológica, está vinculado a *Los dedos de la mano*; y, "Naufragio", que resume el vivir de una colonia de pescadores, nos recuerda a *La ceiba en el tiesto*.

Por tanto, al igual que en las novelas, encontramos en los cuentos una temática común: la problemática social, el hombre frente a la vida como dilema, la lucha entre la civilización y la barbarie, a lo Sarmiento. Los personajes son tipos en conflicto con el ambiente y consigo mismos; aparece el dilema de la naturaleza siempre estableciendo contrastes entre el cafetal y el cañaveral.[9]

La primera obra puertorriqueña presentada en el teatro de la Universidad de Puerto Rico fue *La resentida* (1944), única obra dramática de Enrique A. Laguerre. Según Iris Z. Cabanillas, dado que uno de los temas más recurrentes de los trabajos literarios del autor es que a la historia de Puerto Rico le hace falta levadura legendaria, este drama es sustancia de los acontecimientos históricos ocurridos en 1898, en aquellos años terribles de las partidas sediciosas.[10]

De la misma forma que Alejandro Tapia y Rivera, Laguerre manifiesta en su obra el valor que para él tiene la historia y la leyenda en nuestra literatura. Con el fin de exaltar el espíritu colectivo, Laguerre cree que hay que llevar la historia y esas leyendas a la escuela, dar a los estudiantes esa perspectiva de nuestra vida que tanto les hace falta, para que ellos la tengan como parte de su vida natural.[11]

---

[9] Lydia Rivera Malavé, "Los cuentos de Enrique A. Laguerre", *El cuento puertorriqueño en el siglo XX* (Río Piedras: Universitaria, 1963) 25.

[10] Iris Z. Cabanillas, "Drama de Laguerre es historia verídica", *El Mundo*, 15 de abril de 1959: 8-A.

[11] Laguerre, *Pulso de Puerto Rico* 396.

La resentida, con fondo de paisaje de montaña y cafetales, nos presenta el drama íntimo de doña Marta, la esposa de un hacendado puertorriqueño. En su juventud fue seducida por un soldado español y de éste tuvo un hijo al que crió como sobrino junto a su esposo y su hijastra. Durante los primeros años de la década del 30, Laguerre se inicia en el periodismo. Sus artículos responden al espíritu que animó a su generación; "es la actitud vital ante nuestros problemas, ya que al plantearlos señalan también el camino a su solución".[12]

El periodismo y el ensayista se funden en el joven Laguerre, quien en 1932 se da a conocer en el periódico *El Mundo*, bajo el seudónimo de Gustavo Montiel. Tristán Ronda es un seudónimo que utiliza Laguerre para firmar sus artículos de crítica en el periódico *La democracia*. Luis Uroyoán es otro seudónimo que nuestro autor utiliza para firmar una serie de crónicas de interés cívico y cultural publicadas en *El Diario de Puerto Rico*, colaboración que hace mientras estudia en Nueva York de 1949 a 1950.

Colabora también en numerosas revistas literarias, entre ellas: *La Torre, Isla, Horizontes, Puerto Rico Ilustrado, Artes y Letras, Asomante*, etc.

Ya en 1959 no necesita más seudónimos para firmar la columna más leída y más importante; "Hojas Libres", que además de llevar su nombre, va acompañada de una foto del autor. A propósito de esta columna, el propio Laguerre nos dice:

...."Hojas Libres" me ha mantenido atento al acontecer diario de Puerto Rico y el mundo. Y no se puede escribir novelas —sobre todo si responden a la actualidad— si no se está enterado de los acontecimientos. "Hojas Libres" me ha ofrecido la oportunidad, también, de sentirme en mejor disposición de servicio como educador.[13]

[12] Morfi 61.

[13] Ramón Rodríguez, "*Los amos benévolos*, última novela del escritor Enrique A. Laguerre", *El Mundo*, 21 de octubre de 1976: 16-A.

Su labor ensayística se concentra mayormente en el libro *Pulso de Puerto Rico* (1952-1954), colección de los artículos radiodifundidos por la Estación Radial W.I.P.R. del Departamento de Instrucción Pública, y en su libro *Polos de la cultura iberoamericana* (1977) que representa el resultado de años de estudio, de hondas observaciones y de cuidadosas investigaciones.

Capítulo II
Trasfondo histórico y literario de la mujer puertorriqueña

Como herederos de nuestra cultura occidental creemos que para obtener una justa perspectiva de la posición de la mujer en la época de Enrique A. Laguerre, es imperativo comenzar por entender cómo han surgido los mitos relacionados con la mujer y su influencia sobre las actitudes y conducta de la sociedad.

Carl Jung, sicólogo suizo, piensa que los mitos satisfacen la necesidad del individuo y la cultura de darles significado a los acontecimientos y valores cotidianos; que los mitos les dan una base filosófica a los hechos y, por lo tanto, justifican las creencias y valores tanto de los individuos como de la sociedad.[1] Aun cuando el devenir de los cambios sociales, políticos y culturales haya obligado a las sociedades modernas a reevaluar sus mitos, los mitos que se han desarrollado a través de la historia en torno a la mujer han sido difíciles de alterar; y por el contrario, estimamos que los mitos modernos refuerzan la posición inferior de la mujer.

No siempre fue así. El historiador Will Durant, basándose en la mitología griega, se arriesga a concluir que la mujer de la época cretense ocupaba un lugar prepon-

---

[1] Carl G. Jung, *Man and His Symbols* (New York: Dell, 1968) 64.

derante,[2] pero no hay pruebas contundentes de que existiera un matriarcado, aunque la diosa-madre era femenina y se la asoció con un dios que se mantuvo junto a ella en un plano de inferioridad.

Ya en la época homérica (800 a. de C.) la deidad principal es masculina, pero la mujer disfrutaba de las mismas libertades y ventajas sociales que tenía el hombre. La mujer gozaba de reverencia como madre y esposa, e influía grandemente en los hijos y esposos. Las mujeres de ese período tenían más libertad y más influencias que las de épocas posteriores; y las diosas, como las mujeres, conservan un lugar prominente.[3]

Aunque la mujer no pierde toda importancia, el sistema patriarcal queda establecido una vez que el hombre ocupa el primer plano en la sociedad. Por tanto, la existencia de un sistema patriarcal nos sugiere que los hombres han establecido su hegemonía, y que la mujer deja de ser una figura vital para convertirse en la figura tentadora y en la fuente de todo mal. Así surgen los mitos negativos como el de la bella Pandora a quien se le achaca ser la causante de los males, las fatigas y enfermedades de la raza humana. Lo mismo que Pandora, también Eva fue responsable en el Antiguo Testamento de la mortalidad del hombre y de la pérdida del estado de gracia.

Por su débil naturaleza, la primera mujer fue engañada por Satanás, lo que la haría responsable de todas las catástrofes que se han abatido contra el mundo desde su creación. Esta interpretación del origen de todo lo indeseable le ha permitido al hombre consolidar más vigorosamente su dominación.

Desde el *Génesis* nuestra tradición refleja la visión de la mujer como un ser pasivo, dócil y de naturaleza débil. Platón en el *Timeo* afirma que la cobardía y la inacción correspondían al sexo femenino. Entre los enciclopedistas

---

[2] Ruth Burgos-Sasscer, *La mujer marginada por la historia, Ensayos* (Río Piedras: Edil, 1979) 18.

[3] Burgos-Sasscer 22.

franceses del Siglo XVIII, Diderot asignaba al hombre el cerebro y a la mujer la matriz. Para Rousseau, el papel de la mujer como madre era muy importante y a la vez muy limitado: como esposa y madre ejercía una gran influencia moral, pero aquí empezaba y terminaba su papel.[4] Sigmund Freud, en su teoría sicoanalítica, señala la diferencia de los sexos a partir de la oposición 'activo-pasivo' distinguiendo dos tipos de placer: el masculino que significa atacar, poseer y dominar, y el femenino que opta por ser dominado.[5] Tanto los pensadores como la literatura en general, han contribuido a reforzar diferentes conceptos en cuanto a los roles asignados a la mujer en su función principal de madre y esposa y en la concepción de la mujer como un individuo pasivo, dócil e intuitivo. Hasta en el diccionario de la Real Academia Española se define lo femenino en sentido figurativo como "dócil, gentil, endeble y débil", mientras que lo varonil tiene connotación de "esforzado, tenaz, valeroso, activo y firme".[6] Todo lo cual demuestra que los logros de la mujer no se han tomado en cuenta; por lo cual Ruth Burgos-Sasscer opina que es necesario revisar la concepción histórica de que fue el hombre primitivo el iniciador de la civilización. Señala que fue la hembra de la especie y no el varón quien usó el fuego y buscó medios de crearlo y preservarlo. Que fue la mujer quien inició la agricultura, quien dio forma a los primeros albergues, quien inventó el arte de la cerámica, del tejido, de la enfermería, de la decoración, entre otras cosas. Por tanto concluye que la contribución de la mujer a la sobrevivencia del ser humano fue tan importante como la del hombre.[7]

---

[4] Eva Figues, *Actitudes patriarcales: Las mujeres en la sociedad* (Madrid: Alianza, 1972) 99.

[5] Guerra-Cunningham 33.

[6] *Diccionario de la lengua española de la Real Academia*, 19ma. edición (Madrid: Espasa Calpe, 1970) 1324.

[7] Burgos-Sasscer 33.

Trasfondo histórico: la mujer puertorriqueña

El Artículo II, sección 1 de la Constitución del Estado Libre Asociado de Puerto Rico provee:

> La dignidad del ser humano es inviolable. Todos los hombres son iguales ante la ley. No podrá establecerse discrimen alguno por motivo de raza, color, sexo, nacimiento, origen o condición social, ni ideas políticas ni religiosas. Tanto las leyes como el sistema de instrucción pública encarnarán estos principios de esencial dignidad humana.

"Nuestra Constitución, al hablar de la igualdad de los seres humanos y de su dignidad inviolable estaba expresando en 1952 más una aspiración que una realidad"[8] porque aun cuando la Constitución de Puerto Rico representa un hito importante en la lucha de la mujer por la igualdad, la ley Número 57 del 30 de mayo de 1973, según fue enmendada el 30 de mayo de 1979, reconoce que: "La imagen de dependencia casi total de la mujer respecto al hombre está todavía firmemente atrincherada en nuestro sistema legal y en las actitudes de nuestra gente, lo que menoscaba los derechos económicos y políticos de la mujer".[9]

Tal vez Salvador Brau, Alejandro Tapia y Rivera y hasta el propio Eugenio María de Hostos se hubieran sentido jubilosos ante la aprobación de la Ley 57 por ser ésta el "paso esencial para lograr la eliminación de todo discrimen contra la mujer y para promover todas aquellas actividades para que la mujer puertorriqueña disfrute de iguales oportunidades de estudio y programas gratuitos o

---

[8] José Trías Monge, "Los derechos de la mujer", *Mandamus*, Boletín Informativo Asociación de Estudiantes de Derecho (Santurce, Puerto Rico: Universidad Interamericana, 1983) 6.

[9] Preámbulo a la Ley 57 del 30 de mayo de 1973, según fue enmendada el 30 de mayo de 1979, ley que crea la Comisión para los Asuntos de la Mujer con el propósito de ayudar a establecer una política pública en contra de la discriminación contra la mujer, con el fin de "eliminar todas las diferencias no físicas entre hombres y mujeres que son el resultado del acondicionamiento por la sociedad".

especializados y participe en los cargos directivos, en todos los niveles de dirección, administración y supervisión de todos los organismos existentes en nuestra sociedad".[10] Nuestros escritores, Brau, Tapia y Rivera, Hostos, —primeros liberacionistas—, destacaron la necesidad de educar a la mujer y prepararla para participar en la sociedad de manera que pudiese contribuir al progreso del país.

Se ha señalado que la estructura social de la mujer puertorriqueña en la época de Salvador Brau había ido en continuo retroceso si se compara con la estructura social de los indios taínos de Puerto Rico, en la época anterior a la llegada de los españoles a la isla, donde las mujeres tenían acceso al más alto puesto político y "al igual que a los hombres, a las mujeres taínas se les enseñaba a manejar las armas y a tomar parte en las batallas de la guerra".[11] Los textos históricos tradicionales guardan silencio al respecto, pero hay documentos que evidencian la participación significativa de la mujer taína en la vida política, en la producción de bienes y servicios, en ceremonias religiosas y otras ceremonias rituales.

El año de 1508 marcó oficialmente el comienzo del fin de la sociedad taína. Durante la conquista y colonización de Puerto Rico la población indígena fue tratada severamente hasta que fueron despedazadas su cultura y estructura social. Añade Edna Acosta-Belén (pág. 14) que otro factor que contribuyó a acelerar el proceso de destrucción de la sociedad taína fue las enfermedades que trajeron los europeos. Mientras tanto, el mestizaje había progresado considerablemente. Así, para fines del siglo XVI la población taína había disminuido tan grandemente que se

---

[10] Preámbulo a la Ley 57 del 30 de mayo de 1973, según fue enmendada el 30 de mayo de 1979.

[11] Edna Acosta-Belén, *La mujer en la sociedad puertorriqueña* (Río Piedras, Puerto Rico: Huracán, 1980) 14.

hizo imprescindible la importación masiva de esclavos para reemplazar a los indios en las minas y en el trabajo agrícola.

Las mujeres africanas también fueron objeto del abuso por parte de sus "amos", lo que representó en Puerto Rico un nuevo tipo de mestizo —el mulato—. Al respecto, Federico Ribes-Tovar comenta:

> Los mulatos se multiplicaron rápidamente y parecen haber absorbido en gran parte a los mestizos indios. A medida que avanzaba el proceso del mestizaje de generación en generación, aparecieron las más complicadas mezclas de las tres razas primarias. Cada una de éstas tenía a su propia denominación para identificarlas, tales como los cuarterones y octorones y las personas de sangre aún más diluida, así como también a los descendientes de blancos con indios y de mestizos [sic] con negros y mulatos.
>
> En el año 1569 la mayoría de los blancos vivían en concubinato con negras o mulatas. Los edictos legales y los esfuerzos de la Iglesia para poner coto a la promiscuidad entre blancos, indios y negros resultaron inútiles. Así como también la prohibición de uniones entre negros y mulatos con indios y entre los hijos ilegítimos de blancos y gente de color.[12]

Durante esta época, las mujeres españolas que llegaron a Puerto Rico tuvieron una función esencial en la tarea de poblar y establecer la colonia. Su importancia económica y política fue vital. No obstante:

> La sociedad colonial española en la isla, así como en otros lugares de Hispanoamérica, era una sociedad dominada por los hombres, y en la cual la subordinación de la mujer era casi absoluta. Las mujeres eran socializadas para ser hijas obedientes, esposas fieles y madres devotas. Su condición de inferioridad era mantenida a través de la desigualdad jurídica. Las leyes sobre la familia y la propiedad limitaban grandemente sus derechos...[13]

Las mujeres españolas contribuyeron a un nuevo tipo de puertorriqueño: el criollo. El criollo fue el hijo de los

---

[12] Federico Ribes-Tovar, *La mujer puertorriqueña: su vida y evolución a través de la historia* (New York: Plus Ultra, 1972) 45.

[13] Acosta-Belén 15.

españoles que vinieron a Puerto Rico. Había criollos pobres y había criollos ricos, aunque debido al estado social total de la isla no había diferencia marcada en el vivir de unos y de los otros.

Sin pretender anotar todo lo referente al nuevo tipo de criollo, señalaremos que uno de los aspectos más sobresalientes en la situación de la mujer en el siglo XVII fue la fundación del Convento de las Carmelitas Calzadas para las criollas blancas de familias empobrecidas, que preferían el convento a un matrimonio desigual. Es significativo y sorprendente que esta costumbre haya prevalecido en Puerto Rico hasta el día de hoy.

En términos generales, el siglo XVIII marcó para Puerto Rico una época de estancamiento y decadencia. La economía estaba destrozada. No existían mercados. Los barcos desde España traían muy pocos comestibles y llegaban con irregularidad. Las tormentas, las sequías y las plagas habían decaído los cultivos; y, además, la resignación, la docilidad y la apatía eran las notas características de un pueblo donde las enseñanzas de la Iglesia no habían tendido a desarrollar cualidades prácticas, de valor económico.

Con ligeras variaciones, la situación de la mujer puertorriqueña fue un fiel reflejo de la situación general de Puerto Rico. Contra tan lamentable sociedad, la mujer en la ciudad y la mujer campesina reaccionaban de modo diferente. En la Capital, a pesar de la pobreza, seguía sosteniéndose el tono aristocrático. En el campo:

> El trabajo de estas campesinas acomodadas era casi ninguno: ni hilaban ni hacían media, cosían muy poco y pasaban la vida haciendo cigarros y fumando en las hamacas. Las faenas de la casa corrían por cuenta de las esclavas.
>
> Por los hijos manifestaban un amor excesivo e indiscreto. No les daban ninguna educación porque no había medios de dársela en el campo, donde vivían de continuo. No existían escuelas. Tampoco los destinaban a ningún oficio, por lo que muchos eran desaplicados...[14]

---

[14] Ribes-Tovar 45.

Como se ve, el hogar era el lugar propio de la mujer tanto del campo como de la ciudad. En cambio, las mujeres campesinas pobres "trabajaban en los campos antes de casarse; seguían trabajando después de casarse y envejecían prematuramente a causa del duro trabajo agrícola unido a los quehaceres domésticos".[15] Los propietarios acomodados educaban a sus hijas en los pueblos; o el maestro del barrio, en sus horas libres impartía clases particulares a las niñas en su propio hogar. La campesina proletaria, entre tanto, carecía en absoluto de toda instrucción.

De hecho, a lo largo de todo el período colonial esta situación se mantuvo casi inalterable hasta mediados del siglo XIX, época en la cual la mujer puertorriqueña comenzó a incorporarse a la actividad pública. Y, como era de esperarse, fueron aquellas hijas de los propietarios, cuya categoría social les permitía estar en contacto con la cultura y los hombres instruidos de su tiempo, quienes defendieron públicamente el derecho de la mujer a la educación y enriquecieron nuestro haber cultural en las artes y en las letras.

Trasfondo literario: la mujer puertorriqueña

En Puerto Rico, la labor literaria de los primeros siglos se circunscribió a relatar el proceso colonizador. Ya en el siglo XVIII —aunque, literariamente hablando, no fuera diferente a los anteriores— se usa la palabra 'patria' por primera vez. Así se va cuajando el sentimiento patriótico hasta el siglo XIX, siglo del despertar político y cultural en que se va creando una conciencia colectiva del puertorriqueño y surge el nuevo tipo de criollo que se identifica con su patria.

Debido al atraso con que nos llegó la imprenta, a la ausencia de un sistema educativo efectivo y al aisla-

---

[15] Isabel Picó, "La mujer puertorriqueña y su participación en la vida pública", *La mujer marginada por la historia, Ensayos* 119.

miento político y cultural que padeció Puerto Rico con respecto a Europa y América, el cultivo de las letras puertorriqueñas está entre los últimos que se iniciaron dentro del ámbito hispanoamericano.

Inmediatamente surge la labor periodística como punto de arranque para el cultivo de las letras. Lo primero que va a hacer el puertorriqueño es defender los derechos de los ciudadanos del pueblo a través de una literatura que se produce en medio de muchas dificultades. Los primeros escritores —comprometidos con los problemas sociales, políticos y económicos— fueron, al mismo tiempo, y por necesidad, políticos, revolucionarios, estadistas, luchadores y líderes sociales. Hubiera sido ilógico que existiendo tantos problemas que afectaban al conjunto de la sociedad, se dedicaran exclusivamente a la literatura, olvidando la común aspiración a la libertad y al disfrute de todos los derechos.

Junto al liberalismo, la ilustración y un ansia ardiente de independencia para Puerto Rico, encontramos que otra de las preocupaciones de esta élite intelectual liberal fue la emancipación de la mujer. Este sector masculino no puso obstáculos al avance intelectual de la mujer, sino que impulsó la lucha por la igualdad de oportunidades educativas para ésta durante el siglo XIX. Precursoras de esta manifestación del pensamiento liberal fueron las revistas *La Guirnalda Puertorriqueña*, fundada y dirigida por Ignacio Guasp en 1856, y *La Azucena*, fundada por Alejandro Tapia y Rivera en 1870; ambas revistas estaban dirigidas exclusivamente a una clientela femenina.

Mas no fue sólo en su revista, sino que a través de toda su obra Alejandro Tapia y Rivera apoyó el esfuerzo de la mujer por alcanzar nuevas fronteras de libertad intelectual de manera que fuera tomando parte y adueñándose del mundo físico, económico y cultural. Según Camelia Acevedo de Quintana, la mujer fue para Tapia una de las preocupaciones más constantes y constituyó uno de sus motivos más frecuentes, tratándola como mujer, como ciudadana o simplemente como un ser humano que vivía en una situación preñada de conflictos y trabas sociales. Señala además que sus protagonistas exigen libertad sentimental, reclamando el derecho del corazón y la posibilidad de elegir libremente al compañero aun en contra de las conveniencias y de la situación social; que aunque estas víctimas sociales casi nunca triunfan, en la obra de Tapia se encuentran aptas para probar el desajuste de una sociedad.[16]

Eugenio María de Hostos, al igual que Tapia, condenó la inferioridad en que se mantenía a la mujer; y se esforzó en probar la necesidad en que estaban estas sociedades de sacar a la mujer del estado de anarquía moral, y defendió el que se educase a las mujeres para ser seres humanos. Decía: "La mujer ha sido reducida al nivel de un mamífero bímano que procrea, que alimenta de sus manos al bímano procreado, que sacrifica a la vida de la especie su existencia individual..."[17]

Al abogar por la instrucción de la mujer encuentra Hostos que el darle reconocimiento a la aportación femenina a la educación es una de las virtudes del sistema de instrucción pública de los Estados Unidos de América. Señala:

> La escuela pública tiene todas estas virtudes: En primer lugar, hasta los diez o doce años es escuela mixta, de ambos sexos: de ese modo, se acostumbran los niños y las niñas a considerarse como iguales.
>
> En segundo lugar, es escuela para todos: de ese modo todos los habitantes de un lugar pueden enviar a sus hijos a aprender a la escuela, a tratarse como iguales, sin diferencia de clases ni de categorías, ni de riquezas, ni de poderes...[18]

---

[16] Camelia Acevedo de Quintana, "La mujer en la obra de Tapia" (Tesis, Universidad de Puerto Rico, 1981) 95.

[17] Eugenio María de Hostos, "Por la enseñanza de la mujer". *Forjando el porvenir americano, Obras Completas* (San Juan, Puerto Rico: Instituto de Cultura Puertorriqueña, 1969) 12: 9.

[18] Eugenio María de Hostos, "Puntos para meditar un plan de educación común y universal". *Hombres e ideas, Obras Completas* (San Juan, Puerto Rico: Instituto de Cultura Puertorriqueña, 1969) 19:245-246.

Hostos enumera lo que para él constituyen las virtudes de la escuela norteamericana. Hace sus señalamientos en un Puerto Rico donde la promiscuidad de sexos en la escuela es invocada como un peligro para la difusión de la enseñanza. Según Salvador Brau, la autoridad superior de la provincia reconoció en 1880 la conveniencia de instruir a la campesina, pero, aun reconociéndolo, desistió del propósito sólo porque muchas personas aconsejaron evitar la promiscuidad de sexos en las escuelas y en "los caminos extraviados que a ellas conducen".

Brau se suma a los intelectuales de la época "abrigando la esperanza de que logre despertarse en toda la provincia el sentimiento de conmiseración, ya que no el del deber, en pro de la infeliz proletaria de nuestros campos".[19] Cree Brau que educando a la mujer se educa a toda una generación por ser ésta quien tiene que permanecer junto a los hijos, y por su propia naturaleza maternal es la llamada a ejercitar la educación:

> ...Realcemos a la mujer, eduquémosla, pongámosla en actitud de ser a su vez educadora, fortifiquemos su inteligencia, llevemos ideas a su espíritu, descorramos ante sus ojos un horizonte que hoy no alcanza a entrever y, a la superstición que la atrofia y a la soledad que la embrutece. Habrán de suceder el espiritualismo cristiano que regenera y el conocimiento del propio valer que dignifica la conciencia y vigoriza la voluntad.[20]

Gabriel Ferrer Hernández, quien también busca remedios para mejorar el porvenir de la mujer puertorriqueña, analiza las necesidades educativas de ésta en su libro *La mujer en Puerto Rico* (1881). Se sumó así al sector masculino que, ligado al movimiento reformista liberal de la época, impulsó la lucha por la igualdad de oportunidades educativas para la mujer. Los anhelos de reforma de ese sector masculino fueron fervorosamente compartidos por

---

[19] Salvador Bràu, *Disquisiciones sociológicas* (Río Piedras, Puerto Rico: Edil, 1972) 102.

[20] Brau 114.

un sector minoritario de las mujeres de la clase alta criolla, entre las cuales se encontraban Lola Rodríguez de Tió, Alejandrina Benítez de Gautier, Mina Bemosa y muchas otras, quienes contribuyeron significativamente a la literatura puertorriqueña de ese período.

Es cierto que en la literatura de ese momento hay una posición abiertamente denunciadora respecto a los problemas sociales. Sin embargo, es imposible ubicar dicha literatura dentro de una escuela literaria definida, aunque no cabe duda que hay en esos escritores una verdadera voluntad de hacer literatura, a través de la cual poco a poco se va robusteciendo el ideal de patria. Ven en las costumbres del campesinado la definición de nacionalidad, exponen la realidad de Puerto Rico y reclaman justicia social.

Para 1884 se precisa en Puerto Rico la nueva orientación realista. Debido a las relaciones existentes con España, es fácil suponer que junto con otras cosas nos llegara de la península el eco del quehacer literario. Al respecto, Cesáreo Rosa-Nieves declara: "Nuestra novela en esta escuela literaria, recoge la influencia de Emilio Zola y Emilia Pardo Bazán. Se trata de un naturalismo moderado, más del lado español que del lado francés..."[21]

Manuel Zeno Gandía es la figura cumbre del realismo-naturalismo puertorriqueño. Olga Casona Sánchez señala que toda la obra de éste aporta algunos de los temas más importantes de la literatura nacional. Por ejemplo, el puertorriqueño observado en su nuevo ambiente urbano, el elemento norteamericano en la sociedad colonial isleña, la agonía de la pequeña burguesía arruinada dentro del urbanismo industrial y el puertorriqueño emigrado a Nueva York.[22]

---

[21] Cesáreo Rosa-Nieves, "Enrique A. Laguerre-Vélez", *El Mundo*, 28 de abril de 1954: 11-A.

[22] Olga Casona Sánchez, *La crítica social en la obra de Enrique A. Laguerre* (Río Piedras, Puerto Rico: Cultural, 1975) 55.

La temática iniciada por Zeno Gandía es continuada por otros autores y recogida por Laguerre en su literatura actual. Por ejemplo, el tema del cañaveral comienza con *Garduña* de Zeno Gandía, es continuado por Ramón Juliá Marín en *La gleba* y lo volvemos a encontrar en *La llamarada* de Enrique A. Laguerre. El tema del cafetal que Laguerre nos presenta en *Solar Montoya*, había sido tratado por Zeno Gandía en *La charca* y por Juliá Marín en *Tierra adentro*. El tema del puertorriqueño observado en su nuevo ambiente urbano se nos presenta en *El negocio* de Zeno Gandía, se extiende a *Estercolero* de José Elías Levis y continúa en varias novelas de Laguerre.

Las obras de Laguerre presentan, además, el elemento norteamericano en nuestra cultura, la agonía de la nueva burguesía puertorriqueña, víctima del consumerismo y del urbanismo industrial, el puertorriqueño emigrado a Nueva York y el tema del retorno a la tierra, temática que había comenzado Zeno Gandía en *Redentores*.

Un vistazo panorámico a la literatura del siglo XX nos muestra la presencia de unos personajes femeninos en un papel muy secundario, con caracterizaciones débiles donde prevalecen los personajes tipificados. Al hablar sobre la mujer en dicha literatura, Monserrate Santana Maíz señala que aquella es siempre presentada en su etapa de plenitud y perfección; momento de su vida que más atrae. Añade que la anciana y la niña no captan el interés de los literatos, los cuales, aun en pleno siglo XX, presentan la belleza femenina conforme al modelo romántico. Los autores han tratado de idealizar a la mujer de sus pensamientos.[23]

Cuando la intención de los escritores es de denuncia, esa imagen de mujer cambia. El jíbaro ya no es el personaje mítico que habían esbozado los escritores anteriores, sino que cobra sentido de realidad dentro de su pobreza, la

---

[23] Monserrate Santana-Maíz, "La mujer en la literatura puertorriqueña" (Tesis, Universidad de Puerto Rico, 1932) 4-12.

explotación y el deterioro moral. Por ende, la mujer comienza a surgir con una imagen negativa más evidente y es retratada como un obstáculo para la realización existencial del hombre. Este tiene que vindicar su honor ante las desgracias provocadas por la mujer que lucha por sobrevivir en un ambiente de miseria.

Ambas tendencias, —la idealización de la mujer y la mujer vista como el obstáculo para la realización existencial del hombre—, son recogidas por Laguerre en su medio siglo de contribución a la literatura puertorriqueña. En una misma novela el autor puede entremezclar ambas tendencias. No obstante, si tomamos en consideración la aguda crítica social en su obra, nos percatamos que al final esa mujer-símbolo del consumerismo y de los nuevos valores negativos de la sociedad tiene la oportunidad de redimirse, de volver a los modelos tradicionales. Si no logra "redimirse", no fracasa como mujer, sino como el sentimiento que ella representa.

Laguerre refleja en su obra un siglo en la vida de la mujer puertorriqueña. En un examen esencialmente sociológico, el autor trae ante nuestra consideración datos olvidados consciente o inconscientemente por los historiadores. Al ofrecer aspectos de la situación de los personajes femeninos en un momento y en un sector social específico presenta, también, los efectos sicológicos en la mujer al sentirse ésta "marginada por la historia".

Capítulo III
Trayectoria de la mujer
en la novelística de Enrique A. Laguerre

Lo más conocido, sin duda, de la obra de Enrique A. Laguerre es su propósito de definir la personalidad puertorriqueña y recoger los rasgos de nuestro ser colectivo. En su obra, los críticos han estudiado la búsqueda de lo autóctono y la aguda crítica social. Pero lo más digno de discusión, a nuestro juicio, y que necesita de una más profunda reflexión crítica es su visión de la mujer.

Para presentar la trayectoria del tema femenino en la obra de Laguerre, hemos creído necesario comenzar con *La resaca*. Aunque no es ésta la primera novela del autor, en ella se pone de relieve la situación de sumisión a la tierra y al hombre de la mujer puertorriqueña del siglo XIX.

La resaca está considerada por la crítica puertorriqueña como la única novela de intriga de Laguerre. Aunque contiene fondo de historia, no puede considerarse como novela histórica porque sus personajes no están comprendidos en la historia. El autor los ha recreado para brindarnos una perspectiva de nuestra historia pasada con el fin de exaltar el espíritu colectivo porque "el quehacer pasado alienta el presente y el porvenir. Sobre todo, si ese quehacer es resultado de voluntad y de espíritu".[1]

---

[1] Enrique A. Laguerre, *Pulso de Puerto Rico, Obras Completas*, 3 Vols. (San Juan, Puerto Rico: Instituto de Cultura Puertorriqueña, 1962) 3:396-397.

Josefina Guevara Castañeira señala que esta obra marca un precedente en nuestra novelística representativa porque se deslinda del ambiente monótono de un localismo trillado, para abrir canales nuevos de expresión dentro de lo regional histórico puertorriqueño, demostrando a la vez la pujanza creadora de un escritor con grandes recursos de inventiva, facultades estilísticas de excepción y fecundos recursos creadores.[2]

En el peregrinar del protagonista, *La resaca* abarca toda la geografía de la isla para reflejar la totalidad de los problemas de la colonia en el último tercio del siglo XIX: esclavitud, coloniaje y miseria.

Ante esta situación, Dolorito Montojo —personaje legendario de Laguerre— se desenvuelve en un ambiente de revolución y de tragedia que discurre a través de las cinco partes que componen la novela. Cada una de las partes pone de manifiesto la situación política, religiosa, social y económica de los años de 1870 a 1898.

En la primera parte de la obra el autor presenta a los personajes y los sucesos que dejan honda huella en la niñez de Dolorito. La inspiración de fe en su vida lo fue Lina, la madre buena, cuyo recuerdo conmovía las fibras sensibles de su espíritu y domaba sus ansias desbocadas de aventura, llamándole al regazo solariego del Yukiyú. Por Lina aprendió a amar y a respetar a la mujer como algo muy sagrado...[3] Así, a la edad de once años, Dolorito se pone fuera de la "ley" por primera vez al liberar del látigo a una esclava encinta.

En la segunda parte el protagonista se va haciendo hombre. Coincide con Balbino Pasamonte en la escuelita de don Cristo. Mientras Dolorito sigue las enseñanzas del maestro, Balbino es aconsejado por Felipe Santoro:

Un día el 'preceptor' dijo a su discípulo: —Su artesa [sic] tiene una hija poco menos que de tu edad; ya te he hablado de ella.

[2] Josefina Guevara Castañeira, *Del Yunque a los Andes* (San Juan, Puerto Rico: Club de la Prensa, 1959) 140.

[3] Guevara Castañeira 137.

> Vigílala que ésa será tu esposa... Haste [sic] pasar por hidalgo
> aunque hayas venido a la isla con alpargatas. Recuérdalo: todo
> español es hidalgo conquistador. No pierdas de vista la debilidad
> de los otros y aprovéchate. La hija de 'su artesa' [sic] nació en
> Puerto Rico, una colonia, y las mujeres coloniales tienen debilidad
> por los extranjeros... Y si tienes que atropellar para lograr un
> propósito, atropella con astucia o con cualquier excusa válida...[4]

Con tal de lograr sus propósitos, Balbino asesina al
novio de Lucía. Dolorito, en cambio, encuentra que su
amor platónico lo es Rosario, la hermana de su mejor
amigo. Rosario es violada por Gil Borges, el guardia civil
amigo de Balbino. Esta, al ser repudiada por su propio
padre, huye junto a Juan Gorrión y a Rosa, la hermana de
Dolorito. Al perder a las personas más entrañables,
Dolorito se queda completamente solo.

En la tercera parte ya Balbino Pasamonte se ha casado
con Lucía:

> El mundo de Lucía resultaba reducido: No podía gozar ni la
> mínima intimidad de su habitación, porque Balbino la violaba
> cuando le venía en ganas. Entraba allí como en casa de una de sus
> queridas. Se gozaba en arrinconarla; sin embargo, su 'honor'
> tiraba zarpazos de ira por insignificantes motivos. Tan persis-
> tente fue su persecución, que ya Lucía no hallaba donde pararse.
> No volvió a salir a San Juan, ni al pueblo, ni a casa de los vecinos,
> ni siquiera al batey. Su honor no le pertenecía: Sentíase acorra-
> lada por un animal de presa.[5]

Por su parte, Dolorito Montojo se lanzó por los campos a
"cumplir la encomienda de la sociedad" y se define
totalmente en la realidad de la lucha por la independencia
de Puerto Rico. A partir de ese momento da comienzo en
forma definitiva la vida heroica del protagonista.

La cuarta parte sigue presentando la situación política
donde impera el despotismo y la persecución. Dolorito
obtiene adeptos para su causa y a la vez impone sus

---

[4] Enrique A. Laguerre, *La resaca* (Río Piedras, Puerto Rico: Cultural,
1971) 88.

[5] Laguerre, *La resaca* 162.

propias normas: "...¡Mucho respeto a las mujeres! No quiero que entre nosotros la mujer siga siendo víctima".[6] Guiado por el principio moral de defensa de la mujer y por las ideas de redención social, Dolorito obliga al hijo de un rico hacendado a casarse con la hija de un campesino pobre para, de ese modo, reivindicar el honor de la muchacha y para que el hijo de ésta tuviera un apellido.

En la quinta y última parte de la novela, regresa Dolorito a la región del Yukiyú después de siete años en la prisión y encuentra a su sobrina encinta. No puede vengar la deshonra del hijo de Balbino porque de nuevo es apresado. Una vez escapado, decide ir a Hormigueros para cumplir la promesa a su madre moribunda de llevar hasta los altares milagrosos la "piernita de oro". En Hormigueros se entera de la vida de Rosario, quien se ha casado con un hombre acomodado, pero el carácter de ésta se ha agriado demasiado.

El punto culminante de la acción es el momento en que el hijo de Rosario aprovecha el ambiente inestable y confuso de las partidas sediciosas[7] y ataca junto a otros la hacienda donde Dolorito trabaja. Dolorito dispara y mata al joven. Al llevarle el cadáver, la madre le recrimina:

—Rosario... —murmuró él tajosamente.
—Doña Rosario— corrigió ella colocando el primer obstáculo a la intimidad.
—Doña Rosario...
—¡Acabe! ¿No me agradece que no lo denunciara desde el primer momento en que lo reconocí? ¿Por qué viene desde 'allá' a molestarme? Si no hubiera sido por el recuerdo de Lina...[8]

Un golpe más para Dolorito, ser con aspiraciones de libertad y justicia para su pueblo. Quien ante la impotencia en el logro de sus aspiraciones se ve condenado a vivir

[6] Laguerre, *La resaca* 227.

[7] Los hombres que se rebelaron contra el "sistema feudal del campo" integraron las partidas sediciosas; pero sin una ideología definida, estas partidas terminaron en el "bandidaje".

[8] Laguerre, *La resaca* 360.

fuera de la ley: Se hizo ladrón robando al rico para darle al necesitado, supo del rigor de las cárceles, se enfrentó con las partidas sediciosas y al final, después de darle muerte a Balbino, es muerto por el socio de éste.

En *La resaca*, junto a la proyección de la situación política general de Puerto Rico, podemos apreciar el estado de sumisión y miseria en que se encontraba la mujer puertorriqueña en el último tercio del siglo XIX. La sumisión y la miseria eran de esperarse en una sociedad dominada por los hombres; máxime cuando las leyes sobre la familia y la propiedad limitaban grandemente los derechos de la mujer.

La novela denuncia las diferentes formas de opresión hacia la mujer puertorriqueña. La caracterización que de las niñas hace el autor responde al cuadro desmoralizante de la campesina puertorriqueña víctima de un ambiente familiar tradicional: "...Sobre todo Rosita que, por ser mujer, debía ejercitar los quehaceres domésticos..."[9]

El autor en *La resaca*, además de exponer la penosa situación de las niñas, expone también la vida triste que les espera a las adolescentes "cuando el padre empieza a poner en práctica los famosos métodos educativos que la tradición española dispensa a la mujer".[10] Al incluir el concepto del honor según lo concebían los españoles, Laguerre se vale de la ironía para comentar:

> ...Cuando el padre consideraba deber suyo vigilar el honor de su hija, ¡cuántos desasosiegos para un padre en estas circunstancias! Un buen padre está en la obligación de ver que su hija merezca del debido 'respeto' de parte de los mozos. Con honra, aunque no se coma, que después de todo es lo único que se salva de la muerte...[11]

La resaca se desarrolla en una época en la cual la mujer era prácticamente prisionera de padres y hermanos que se convertían en celosos guardianes de su honor. Sin

---

[9] Laguerre, *La resaca* 64.

[10] Laguerre, *La resaca* 7.

[11] Laguerre, *La resaca* 117.

embargo, vemos en la obra que, reiteradamente, las mujeres son víctimas de violación sexual por parte de los hombres. Y si la mujer quedaba embarazada, la crianza y el sostén de los hijos así concebidos era responsabilidad absoluta de la madre. Aun cuando la legislación española sancionaba el adulterio, no se castigaba esta forma de opresión sexual contra la mujer; como tampoco se castigaba el trato cruel a la esposa en todas las manifestaciones en el hogar y en la sociedad. Por tanto, la novela nos brinda un cuadro de la posición de la mujer en todas sus etapas —niña, adolescente, mujer adulta y anciana—, pero imagen de mujer en una sociedad en la cual era poco menos que un objeto, sin derechos, pero con demasiadas obligaciones.

El fondo histórico que se abarcó en *La resaca* se continúa en *Los dedos de la mano*, cuya acción transcurre de 1910 a 1935.

En *Los dedos de la mano*, sin embargo, comienza a notarse una serie de cambios en las estructuras socio-económicas de Puerto Rico que afectan directamente la vida de los ciudadanos. Según José Juan Beauchamp, esta novela es hasta cierto punto nuestra novela de la zona del tabaco.[12]

La elaboración del tabaco, que antes había sido un oficio de artesanos, se fue industrializando hasta ser dominada por los grandes capitalistas; y es precisamente la industria del tabaco una de las que más significativamente registran la participación de la mujer. "A medida que el capitalismo se convertía en el modo de producción dominante, las mujeres se incorporaron en grandes números a la fuerza trabajadora y fueron cobrando una función más visible dentro de la sociedad puertorriqueña".[13] Pero la situación de explotación a que

---

[12]   José Juan Beauchamp, *Imagen del puertorriqueño en la novela* (Río Piedras, Puerto Rico: Universitaria, 1976) 89.

[13]   Lydia Milagros González, *La otra cara de la historia, Vol. I, 1900-1925* (Río Piedras, Puerto Rico: CEREP, 1984) 11.

fue sometida la mujer provocó la denuncia y la protesta de
varios sectores del movimiento obrero, y grupos de mujeres recurrieron a la huelga como medio de defender sus
derechos y abogar por mejores condiciones de trabajo.
Laguerre describe en *Los dedos de la mano* la incor-
poración de la mujer al movimiento obrero de Puerto Rico.
Las luchas de la mujer por sus derechos y mejores
condiciones de sueldo están encarnadas en la figura de
Dolores Soler.[14] Para caracterizar a este personaje, el
escritor se ha valido de la más grande gloria del frente
sindical en Puerto Rico. Esa mujer que, lamentablemente,
sólo se recuerda como la primera mujer en usar pantalones en público, la que tuvo hijos fuera del matrimonio
y no permitió que éstos llevaran el apellido del padre, fue
la Luisa Capetillo que, según González, participó en la
formación de los primeros núcleos de artesanos de la
Federación Libre de Trabajadores radicados en los cen-
tros urbanos y luego se lanzó por las plantaciones azu-
careras levantando conciencia de clase entre los trabajadores y encauzándola en la lucha radical.[15]

Paralelamente con su descripción de las luchas obreras
de la isla, con *Los dedos de la mano* Laguerre pretende
hacer un estudio sicológico de Lucrecia Madrigal a quien
los rígidos métodos de crianza le habían deformado la
personalidad. El propio autor comenta:

> El problema de la protagonista de *Los dedos de la mano* es el
> problema de miles de niños sometidos a una tortura angustiosa
> que ha de llevarlos a una niñez descentrada. Puede que las
> circunstancias en la vida de Lucrecia sean distintas a circuns-
> tancias en la vida de otros, pero el caso se repite por miles, millones
> en Puerto Rico, en el mundo entero. Este caso tan repetido, que está
> aquí, en el seno del hogar; allí en el hogar vecino, en todas partes,
> es el caso que interesó al novelista de *Los dedos de la mano*.[16]

---

[14] Dolores Soler, madre de Juan Soler y líder obrera militante, es
Malén, la sobrina de Dolorito Montojo en *La resaca*. La muchachita que
fue violada por Puro Pasamonte en *Los dedos de la mano* es un
personaje caracterizado con gran fuerza.

[15] González, *La otra cara de la historia* 114.

[16] Laguerre, *Pulso de Puerto Rico* 460.

Para probar su tesis, Laguerre caracteriza a la madre de Lucrecia como la "cacica", quien no sólo mantiene en vilo el ánimo de su hija inspirándole complejos, sino que busca dominar en todo momento la voluntad de ésta para moldear su conducta.

A pesar de las frustraciones que la madre descarga contra la hija, la vida de Lucrecia transcurre en el ambiente pueblerino de Naranjales en íntima camaradería con la muchachada del pueblo, hasta que con propósitos de estudio fue a vivir a casa de Miss Peters, quien quería que Lucha fuese a la Universidad y se hiciese maestra para que enseñase en la escuela de Caguas.

Lucha va a la Universidad de Puerto Rico gracias a una beca que le otorgaron los obreros del tabaco. El que ella, proveniente de la clase proletaria, llegase a la Universidad representa el triunfo de su clase y de la clase femenina en general. Como mujer ha logrado la participación en la educación universitaria. Como proletaria ha incursionado en un campo de las mujeres de la pequeña burguesía capaces de ganarse la vida como maestras de escuela; hecho significativo que nos demuestra que en Puerto Rico, para la época en que se desarrolla *Los dedos de la mano*, a través de la educación comienza a lograrse la nivelación social.

Decidida a ejercer el magisterio en su pueblo natal, la recién graduada maestra iba a Naranjales en plan de "conquista". Junto a su amiga Dolly se hospeda en la residencia de los Torre sin Ese, —familia muy distinguida—; y al poco tiempo logra ganarse la voluntad de la nueva "cacica" doña Monserrate Torre del Salto. De ahí se lanza a ocupar un puesto destacado en la sociedad. Lo consigue al casarse con Adolfo Cáceres. Luego publica su primer libro de versos, muy admirados por el atrevimiento de sus temas.

Lucrecia es la mujer que trata de salir del círculo en que se encuentra por su condición de mujer, por lo que pronto comienzan las desavenencias con su esposo. Lucrecia piensa:

> ...Los hombres se vuelven fieras en cuestiones de honor, sólo
> hasta el punto en que el honor se refleja en ellos. No les interesa el
> honor de la mujer por sí mismo. Si tienen ocasión de acumular más
> deshonra sobre la deshonra de una infeliz, así lo hacen. Todos son
> iguales...[17]

Por los celos de Cáceres, ella provoca un encuentro entre
su esposo y Serafín Torre del Salto. Adolfo muere. Vencido
el luto, una vez más entra Lucrecia en la vida social con el
alma libre de preocupaciones. Sus visitas más frecuentes
eran a doña Lucía Velasco,[18] con quien llevaba una serena
amistad. Contrae de nuevo matrimonio con Puro Pasamonte, el hijo de doña Lucía. Los gustos y la desenvoltura
de Lucrecia ayudaron a su nuevo esposo en sus relaciones
de Senador con la gente del gobierno. Sin embargo, no
puede olvidar a Juan Soler. Se entera de que éste es hijo de
su esposo y de Dolores Soler. Al tratar de poner a ambos
frente a frente con ánimo de conciliarlos, con la mira
puesta en la seguridad individual de carácter económico,
queda Lucrecia acorralada por su propio destino. Vuelve
al pueblo con los suyos y desaparece:

> La búsqueda duró todo el día. Al siguiente, bien de mañana,
> descubrieron un botecito de remos al garete: era La Gaviota.
> Impresionaba su torpe fragilidad. Sin embargo, a bordo traía el
> peso de la angustia y la soledad del mundo.[19]

Puro Pasamonte, que antes del suicidio de Lucrecia había
conseguido el divorcio, ofrece reconocer a Juan Soler como
hijo suyo, y a Dolores le pide que sea su esposa. El hijo y
"la mujer de los pantalones" rechazan el ofrecimiento
porque ha podido vivir sin necesitar su ayuda, aunque le
brindan la amistad que el hombre necesita. La posterior
amistad y la insistencia del nieto, lograron que Dolores
aceptara ser la esposa de Pasamonte.

---

[17] Laguerre, *Los dedos de la mano* 119.

[18] Lucía Velasco fue la esposa de Balbino Pasamonte, el cruel
personaje de *La resaca*. Viuda de Pasamonte, concentró todos sus
esfuerzos y dedicó su vida a la crianza de su hijo Puro.

[19] Laguerre, *Los dedos de la mano* 195.

Si la acción de *Los dedos de la mano* transcurre de 1910 a 1935, *La llamarada* presenta los años de 1928 a 1935, período de suma importancia en la historia de Puerto Rico. La crisis económica de 1929, los ciclones San Felipe (1928) y San Ciprián (1931) y las cuestiones sociales quedan plasmados por Laguerre, quien en su novela denuncia un mundo de gran injusticia, en el cual unos pocos son dueños de todas las riquezas y la gran muchedumbre sólo tiene trabajo mal remunerado y sufrimiento.

Dice José Juan Beauchamp que en las páginas de esta novela está todo pintado con hábil mano de artista: el hambre y la depauperación orgánica que desgarran la vida del trabajador de la caña, la explotación y el atropello a que son sometidos los jíbaros del cañaveral, el monocultivo cañero, el latifundio, el absentismo, la protesta social en todas sus direcciones, la crisis moral y la lucha de conciencia en el hombre.[20]

Comienza la novela cuando Juan Antonio Borrás, el protagonista, llega a la Hacienda Santa Rosa con todas las ilusiones de un ingeniero agrónomo recién graduado que ha conseguido procurarse un título con su propio esfuerzo. Desde sus primeras páginas, la novela refleja la indecisión constante del protagonista. Indecisión que lo lleva a alejarse de Sarah, la muchachita sentimental que había sido su novia durante los años estudiantiles.

Sin remordimientos, llega a Santa Rosa como huésped de la familia Alzamora. Las Alzamora, —dos solteronas beatas y una muchacha de dieciocho años a lo sumo—, acogieron a José Antonio con beneplácito en el seno de su hogar.

Todo su mundo cambió de rumbos al entrar en contacto con el cañaveral y ver de cerca la trágica miseria del peonaje. Capta la tragedia de esas vidas cuando ante sus ojos se encuentra, vencido por el hambre y la enfermedad, el cuerpo de Ventura Rondón, hombre trabajador y constante; símbolo del obrero oprimido.

---

[20] Beauchamp 85.

Preocupado por la suerte de Rondón, le visita en su vivienda miserable. Borrás se lamenta:

> Compadecí de todo corazón a la mujer, esta mujerzuela desgreñada y fea, con paños en la cara; a Ventura con su enfermedad crónica, sus ojos cegajosos, su terrible rostro, este rostro rendido que yo llevaba desde aquel día clavado en la vara de una emoción dolorosa; compadecí el 'cuadro', a los pobrecillos, sobre todo a aquel simulacro de vida, hierático en su desventura, con llanto sin lágrimas.[21]

En Santa Rosa se entera de la triste historia de Delmira, la niña huérfana a quien sus tías criaron como suya. Todo comenzó cuando don Carlos Alzamora, abuelo de Delmira, se hizo francmasón, —cosa que la iglesia católica había bautizado como la gran herejía—, y se suicidó al sentirse impotente para combatir las sombras de la superstición que se hicieron sobre su hogar.

Las mujeres de la familia hicieron votos de vestir siempre de luto y las muchachas prometieron abstenerse del matrimonio. Mariíta olvidó su promesa; sostuvo relaciones con Ramiro del Valle y concibe una niña. Al nacer Delmira, Mariíta muere y la niña va a vivir a casa de unos tíos.

Es interesante este episodio de la novela porque nos muestra cómo la familia podía condenar a sus propios miembros femeninos a vivir una existencia no deseada; a la vez, podemos observar cómo la iglesia contribuyó a la formación de prejuicios, creencias y convicciones supersticiosas que dejaron honda huella en la sociedad puertorriqueña.

A María Antonia del Valle, hermana de Delmira, la conoce Juan Antonio cuando, acompañada de Margarita Sandoval, viene a pasar una temporada en Palmares. El autor describe a Margarita como la muchacha que comienza a romper las barreras tradicionales:

---

[21] Enrique A. Laguerre, *La llamarada* (Río Piedras, Puerto Rico: Cultural, 1975) 57.

> ...Venía enjorquetada [sic] en un caballito gordo y pequeño; no usaba silla, montaba en pelo. Al pasar junto a nosotros armó una gritería, alejándose de los cañizares, con el vestido recogido más arriba de las rodillas. Los más viejos se hacían cruces. ¡Qué barbaridad, Virgen del Carmen! ¡Las locuras del día! ¡Por cuánto antes![22]

Con la actitud final de María Antonia y Pepiña rechazando las ocurrencias de Margarita podemos intuir que aún ese comportamiento no estaba bien mirado en nuestra sociedad que se resistía tan fuertemente a cualquier cambio. Máxime al tratarse en cierta forma de un tipo de liberación femenina que ni la crítica puertorriqueña a las novelas de Laguerre ha podido aceptar. De ahí que José Juan Beauchamp señala que Margarita es uno de esos seres anfibios que sufren una crisis de identidad y no saben lo que en realidad son al no tener conciencia de su ser.[23]

El ambiente festivo contrasta radicalmente con la llegada de la temporada del corte de caña. Se desatan huelgas e incendios. Mientras tanto Juan Antonio se ha convertido en jefe de las dos haciendas, Santa Rosa y Palmares. En una de sus "rondas" por la finca tropieza con la viuda de Ventura Rondón. Esta, para poder sobrevivir y cumplir con sus deberes de madre, se dedica a destilar ron clandestinamente. Es sorprendida luego por la policía, lo que significaba hambre y miseria para los hijos.

En un arranque emotivo, el protagonista se solidariza con aquella mujer desamparada y sus hijos enfermizos y desnutridos. Sin embargo, al recrudecerse la situación obrero-patronal, atiende más a los dictámenes de su seguridad individual, lanzándose a la persecución del obrero. Se inclina nuevamente hacia el obrero, pero se siente incapaz de resolver por sí mismo la situación y regresa a la montaña acompañado de Pepiña.

---

[22] Laguerre, *La llamarada* 86.

[23] Beauchamp 116.

El aspecto de inseguridad que el protagonista arrastra a través de toda la obra tiene sus raíces en el hogar donde su existencia estuvo subordinada a la autoridad de su padre, representante de las características primarias de lo masculino y que responde a la visión predominante en la sociedad de la primera mitad del siglo XX.

Llama la atención en *La llamarada* la presencia fugaz de los personajes femeninos. Contrario a *Los dedos de la mano*, en esta novela no se plantean las reacciones de la mujer hacia un entorno social más amplio que correspondería al momento histórico en el cual les correspondió vivir. No hay reacciones porque la imagen femenina presentada está sujeta a la visión del protagonista que la idealiza. De ahí que en su madre ve el perdón y la abnegación al recordarla llorando a causa de las relaciones que su padre sostenía con otras mujeres. Rechaza la actitud de su padre y rechaza la injusticia de éste contra sus hermanas al retirarlas de la escuela porque el lugar propio de la mujer era el hogar. Sarah, Delmira y Pepiña son sólo objetos de su interés sentimental. Puede excusar a la viuda de Rondón por ponerse fuera de la ley para cumplir con sus deberes de madre...

Sin embargo, a través de la pupila del protagonista también hemos observado una serie de personajes femeninos sumisos ante la voluntad del varón que las atropella. Otras comparten la miseria y el hambre junto al hombre cuyo salario apenas les permitía una subsistencia mínima. También notamos a la mujer campesina sin una conciencia clara de la responsabilidad que conlleva traer a un hijo al mundo. Por tanto, esta ignorancia contribuía a la sobrepoblación, lo que agravaba la situación de la pobreza y del desempleo.

La lastimosa pobreza del obrero rural vuelve a ser tratada por Laguerre en *Solar Montoya*, su segunda novela, que aparece transcurridos cinco años de la publicación de *La llamarada*. Ambas novelas se hermanan en la forma en que el autor enfoca los problemas del campesino, aunque esta vez ofrece un cuadro de la agonía del cafetal puertorriqueño y las causas que lo llevaron a su decadencia.

El marco temporal de la novela abarca más de treinta años. Comienza poco después de la entrada de los norteamericanos a Puerto Rico, época en que nace Gonzalo Mora, el personaje principal. Gonzalo, igual que Juan Antonio Borrás, huye de su casa a temprana edad, desengañado por la rígida manera de educar de su padre. Trece años tiene Gonzalo cuando se instala bajo la cobija cariñosa de su padrino Alonso Montoya.

Según Concha Meléndez, don Alonso es el alma de nuestras serranías y el símbolo de la tradición ética española. Su mujer, doña Ana, es resumen también de las virtudes femeninas ponderadas por Fray Luis en *La perfecta casada*. Se trabaron estos dos personajes como vertientes de una misma aspiración: caridad cristiana, dignidad y asimiento al pasado, a lo que en este pasado es sustancial y puro.[24]

Si Alonso Montoya es el símbolo de la vida de auténtica puertorriqueñidad, doña Ana es el complemento de don Lonso, supliendo siempre lo que a éste le falta. La vemos como maestra del barrio enseñando a leer y a escribir a los más pequeños; a las niñas adolescentes les enseña todo lo relacionado con las labores del hogar y acude como enfermera o como comadrona a donde la necesitan.

Al igual que don Lonso, Gonzalo se da a la noble tarea de compartir con los peones de la hacienda. Entabla amistad con Paco Pérez, quien vive bajo la protección de don Lonso en un hogar que es todo amor y hospitalidad. Su mujer, Mencha, representa a la jibarita típica que sólo vive para cuidar a sus hijos, a su marido y a su hogar. A pesar de la pobreza, hay una nota de felicidad en esta casa cargada de amuletos.

---

[24] Concha Meléndez, Prólogo a *Solar Montoya* de Enrique A. Laguerre (Río Piedras, Puerto Rico: Cultural, 1978) 8.

Mientras a *Solar Montoya* viene el peonaje a llorar sus lástimas y a pedir favores, Jacobo Borrás, al contrario, accede a la petición de Catana, la mujer que ha perdido todas sus propiedades, y le deja hacer un rancho en la finca para luego acosar sexualmente a la hija mayor de ésta:

> ...Catana admitió la nueva desventura sin protestar. A pesar de que doña Rosa la trató con desconfianza y hasta juró que no volvería a pisarle el batey, por fin se impuso la autoridad de don Jacobo y la mujer siguió lavando para la gente de la casa...[25]

Con el correr de los años, don Lonso termina prefiriendo a Gonzalo sobre su propio hijo. Los celos de José Rafael hacen que Gonzalo huya hacia Nueva York tras de una pelea con éste. A su retorno a Puerto Rico, encontró Gonzalo que según las cosechas de café perdían su valor debido a un decaimiento en el mercado, la situación del terrateniente era tan angustiosa como la del peón; encontró que el hombre de la montaña se había convertido en emigrante que acudía a la costa en busca de trabajo.

La mujer campesina también había tenido que emigrar a la ciudad:

> —Hay dos o tres jembritas [sic] que valen la pena. Asómbrate: de quince a diecisiete años. Bueno, después de todo, a mala cosecha de café, buena cosecha de putas— aseguró con brutalidad.
> —¿Entonces son del campo?
> —Nje. Vienen a alquilarse de sirvientas, el pollo de la casa les dice lindezas y paran en una casa de prostitución.[26]

Desilusionado por la tragedia del cafetal y la incertidumbre que embarga al pueblo jíbaro, Gonzalo decide dejar su trabajo en el plan de rehabilitación del cafetal y se casa con Rosina Borrás.

En *Solar Montoya*, junto a las catástrofes naturales se da también el fenómeno de la pérdida de la tierra a manos de las grandes corporaciones. Los pequeños hacendados

---

[25] Enrique A. Laguerre, *Solar Montoya* (Río Piedras, Puerto Rico: Cultural, 1978) 149.

[26] Laguerre, *Solar Montoya* 139.

se fueron igualando a la masa trabajadora. Los antiguos empleados de éste, que dependían de él casi totalmente, con la decadencia del café se vieron obligados a vender su trabajo. Con la proletarización y la emigración del jíbaro a la costa terminó el antiguo sistema paternalista. De ahí que la novela comenta los programas de rehabilitación agrícola a la vez que propone cómo reconquistar lo perdido.

En cuanto a la mujer, al disminuir la capacidad del proveedor de la familia, tiene que aportar con su trabajo al hogar colocándose de criada, de lavandera o haciendo dulces para la venta. En busca de seguridad y de comida para sus hijas, las madres las ofrecen para las labores domésticas en las residencias de las familias más acomodadas. Otras jibaritas emigran a la costa, se convierten en una "población flotante" y "prefieren una vida de abyecta prostitución a una vida de mal pagadas y mal tratadas sirvientas en una casa autocrática".[27] Sobre estas últimas, en *Solar Montoya*, Laguerre se lamenta diciendo: "He aquí a una muchacha mareada... Pero, ¿acaso tiene ella la culpa? Era preferible admitir la trágica realidad".[28]

Por otro lado, las hijas jóvenes de los "agregados" son víctimas del hostigamiento sexual del hacendado en su capacidad de protector. Este mantiene relaciones extra-maritales con la muchacha e impone a su propia esposa la presencia de ésta en la finca: muestra del predominio del culto al machismo en una sociedad donde se considera que el sitio de la esposa es el hogar donde habrá de mantenerse sumisa, recatada y diestra en las tareas domésticas.

Debemos aclarar que en *La resaca, Los dedos de la mano, La llamarada* y *Solar Montoya*, aunque son novelas que recogen la historia de Puerto Rico de 1870 a 1940, la imagen femenina trazada por el autor corresponde a la

---

[27] José Colombán Rosario, "Problemas sociales: la prostitución en Puerto Rico". (Tesis inédita. Río Piedras U.P.R., 1951) 91-93.

[28] Laguerre, *Solar Montoya* 183.

imagen de la mujer campesina en todas sus manifestaciones, ya sea rica, pobre o proletaria.

Con *El 30 de febrero*, Laguerre nos saca del mundo de la
naturaleza para llevarnos desde un arrabal de la zona
urbana de San Juan hasta el ambiente universitario de
Río Piedras.

La novela trata de la historia de Teófilo Sampedro y
gira alrededor de su vida en el arrabal, en un asilo y luego
en la Universidad de Puerto Rico hasta su muerte. Pero la
novela atiende más a la vida interior del protagonista,
abatido por la pesadumbre de no saber quién es su padre,
por la terrible pobreza en que vive y por la horrible joroba
que deforma su figura.

Sobre *El 30 de febrero*, Mariene Acarón-Ramírez
comenta:

> El título, de intención simbólica, lleva el mensaje que el autor ha
> querido presentar con sentimentalismo paternalista: representa el
> día que jamás llega, cuando los anhelos y sueños tomen el lugar de
> la infelicidad y el sufrimiento. El lenguaje sencillo y sobrio es
> máximo recurso de desbordamiento sentimental; igualmente la
> jerga y el argot intercalado en ella dan un nuevo modo de
> expresión a los personajes recién creados por el autor.[29]

Desde el principio de la obra, Eusebia, la madre de
Teófilo, se nos presenta como la madre abnegada cuyo
único desvelo es educar a su hijo. Desde un pueblo del
interior llega a Puerta de Tierra, donde cose para los
talleres de blusas y prepara comidas para venderlas a los
tabaqueros. Trabaja sin descanso y economiza todo el
dinero posible con el fin de lograr sus propósitos. Hasta
que, víctima de un escalamiento, pierde todos sus ahorros
y al redoblar sus esfuerzos enferma gravemente. Los
amigos del arrabal le dan refugio en su casa.

Interviene el rico e influyente político Angel Santos;
Teófilo va al asilo y estudia con ahínco hasta obtener las

---

[29] Marlene Acarón-Ramírez, "El cuento y la novela puertorriqueña en
los últimos veinticinco años". *Revista de Letras* I:2 (Junio de 1969) 338.

calificaciones que le garantizan el ingreso en la Universidad. Por razones de salud debe hospedarse en Río Piedras.

En la pensión donde se encuentra hospedado se enamora platónicamente de Hortensia, la hija de doña Paquita, quien ha venido a Río Piedras desde su pueblo natal para que sus hijas adquiriesen educación universitaria. La madre se ha divorciado y su ex-esposo no la ayuda económicamente, por lo que se ha visto precisada a aceptar estudiantes en su hogar para poder sostener a su familia. A la postre, esta madre fracasa a causa de sus actitudes falsas y de su endeble carácter moral:

> ...Una vez, en uno de los bailes, parece que don Generoso le hizo una proposición desdorosa a Lucía, porque ésta vino a quejarse donde su madre. Doña Paquita se indignó, no contra el vejete, sino en contra de su hija.
> —El está enamorado de ti y puede darte lo que no te da un jovencito de los de hoy día.[30]

Acostumbrada a sostener a un estudiante pobre cada año, doña Suncha le ofrece su hogar a Teófilo. Esta mujer profesaba a sus pupilos un afecto comparable al de una madre; pero allí se entera Teófilo de que su apellido no le pertenece y no quiere regresar más a la pensión.

Cambia de residencia. En casa de doña Julia, desde el primer momento le impresionó la bondad de esta mujer recia, ya en los cincuenta años, que enviudó poco después de casarse en su temprana juventud y que mantuvo a través del tiempo amor por el esposo, en obligada viudez, y servía a estudiantes pobres por devoción a ese amor y al de los hijos que deseó tener y no tuvo.[31]

El hogar de doña Julia no era una casa de huéspedes; no obstante, había sostenido sin remuneración alguna, a varios estudiantes pobres. Las hijas de don Angel se

---

[30] Enrique A. Laguerre, *El 30 de febrero* (Río Piedras, Puerto Rico: Cultural, 1967) 94.

[31] Laguerre, *El 30 de febrero* 200.

hospedaban allí por la confianza que sentía el padre hacia tan venerable maestra.

En casa de doña Julia se entera Teófilo de que don Angel es su padre y, por lo tanto, de que había estado conviviendo con sus hermanas. Incapaz de soportarla, esta revelación llega a ser el origen de su muerte, a pesar de haberse identificado con Margarita y haber logrado con ella cierta seguridad.

Respecto a la posición de la mujer en *El 30 de febrero* hay que dejar constancia de varios aspectos interesantes:

La Universidad de Puerto Rico, que había sido el "semillero de la mujer de la pequeña burguesía", ahora abre sus puertas para dar cabida a las estudiantes de los grupos no privilegiados. Estas pueden convertirse en profesoras en el amplio sistema escolar desarrollado por el Gobierno desde 1940.

En Río Piedras existen tres grandes pensiones para señoritas y también hay pensionados en diferentes casas de familias. Por encargo del padre de la estudiante, las dueñas de las pensiones se convierten en protectoras y sustituyen la vigilancia del hogar paterno.

Las estudiantes vienen a la Universidad y se liberan de los prejuicios pueblerinos y a veces se convierten en criaturas desarraigadas que pretenden poner una barrera entre su vida de familia y su vida universitaria. Por ejemplo, Delia La Valle, quien "no sentía ningún entusiasmo por las visitas de su padre, un hombre humilde con evidentes rasgos de mestizo", se paseaba por la Universidad "del brazo de muchachas de familias encumbradas..."[32] Este es el nuevo tipo de mujer que si llega a incorporarse a una de las profesiones verá su nueva condición adquirida como un avance personal y no como una oportunidad de servir al bien público.

Vale la pena señalar que en *El 30 de febrero* Laguerre no presenta a la mujer dependiendo del hombre sino que es

---

[32] Laguerre, *El 30 de febrero* 206.

ésta quien asume el papel real como cabeza del hogar. El matriarcado sugerido por el autor cobra mayor fuerza e importancia cuando se trata de familias del arrabal. Es precisamente en el arrabal donde hay un fuerte sentido de solidaridad entre las vecinas, expresado en la ayuda mutua y en la estrecha amistad, como queda demostrado con el personaje de Eusebia, la madre de Teófilo.

Lo mismo que Teófilo, también Gustavo Vargas, personaje de *La ceiba en el tiesto*, es otro hijo de padre desconocido. En esta novela Laguerre por primera vez presenta indirectamente la vida de la mujer puertorriqueña inmigrante en Nueva York; y la inadaptación que sufre al ser trasplantada a otro ambiente sin la debida preparación que le permita encontrar empleo para poder vivir más o menos decentemente. También contribuye de modo patente a dicha inadaptación la nostalgia por su isla y la actitud desfavorable de los ciudadanos hacia los puertorriqueños.

La ceiba en el tiesto trata de la vida de Gustavo Vargas, joven puertorriqueño, mestizo, de carácter indeciso y sin voluntad para decidir sus actos. Aparece en escena como miembro de un grupo revolucionario que le ha ordenado cometer un crimen. Cohibido de llevar a cabo dicha orden, huye a su pueblo y más tarde se marcha a Nueva York.

En Nueva York entabla relación con una familia puertorriqueña. A la madre de la familia le escucha decir:

> —Verá usted—. En la isla somos una gran familia pobre, apretujada en una casita, pero se vive. Allá hay madre, hermanos, tíos, hijos, primos. Aquí la gente no tiene nada de eso. Viene una aquí a desahogarse, pero se siente una tan sola que se le desgaja el alma.[33]

Lo mismo que doña María, Gustavo se ahoga como "ceiba en un tiesto" al convertirse en uno de tantos

---

[33] Enrique A. Laguerre, *La ceiba en el tiesto* (Río Piedras, Puerto Rico: Cultural, 1978) 45.

emigrantes de anhelos estancados que pasa a formar parte del fichero de figuras anónimas que pululan por las calles de la ciudad. Regresa a Puerto Rico donde desempeña varios empleos, desde el oficio de pescador hasta la posición de político que sueña con la redención total de su pueblo.

Vuelve a Nueva York. Allí se enfrenta con el destino militar y va a la Guerra de Corea. Luego se hace marino mercante y al final de la novela retorna a su "Playa Rosada" para que se cumpla el "fatum de la obra laguerreana" donde se ve el regreso a la tierra como la salvación del espíritu colectivo puertorriqueño.

En *El laberinto*, Laguerre sitúa a sus personajes en Nueva York y los lleva hasta una república hispanoamericana: "la República de Santiago". El escritor consigue reflejar la atmósfera de tensión que impera en un país que vive bajo una dictadura. Laguerre mismo ha confesado que se trata de la República Dominicana.

La novela comienza cuando Porfirio Uribe acaba de graduarse de abogado y proyecta regresar a su pueblo. Tres días antes de su anhelado regreso a la isla se ve involucrado en un crimen político, situación que el autor aprovecha para, en el momento de la investigación, reseñar el prejuicio y la incomprensión contra los puertorriqueños; y más aún, contra la mujer. El policía:

> ...Como quien descubre la clave de todo un misterio, fijó sus ojos en Rosana.
> —¡Ah, ya sé! Usted es la mujer.
> —¿Qué mujer?
> —¡Por quien se pelearon! ¡Tiene que haber una mujer! ¡Son latinos![34]

Pensando en su bienestar económico, Uribe acepta un puesto que le ofrecen en la República Santiaguina. Irónicamente se envuelve en una red de intrigas políticas que lo hacen víctima del aislamiento y de la falta de solidaridad

---

[34] Enrique A. Laguerre, *El laberinto* (Río Piedras, Puerto Rico: Cultural, 1974) 5.

humana. Se entera que se han iniciado los preparativos para una invasión a la República y antes de entrar en la conjura se entera que Rosana, la muchacha de quien había estado enamorado, se había unido como enfermera de la revolución. Al final de la obra aparece el siguiente diálogo:

> Alfredo quiso comunicarle sus pensamientos a alguien, a Porfirio, que también conocía a Rosana.
> —Esa noticia me dice que Rosana murió.
> —¿Rosana?
> —Sí, ella vino con nosotros. Quiso servir de enfermera. Trabajaba en el hospital destruido. No era la Rosana que conociste. Lorenzi te habrá contado. ¿Sabes que desde que dejó la cama se dedicó a la enfermería? Y no podía permitirme venir 'solo' en esta expedición. Lástima grande, nunca pude darle un hogar.[35]

Aunque sabe que va hacia una muerte segura, Uribe entra en la conspiración para atacar al monstruo de la dictadura. Y, por fin comprende que no hay más laberinto que la falta de libertad; reconoce que no puede ser libre si no están libres los demás, porque la libertad es lo más hermoso del hombre y trasciende la vida placentera y cómoda.

En *El laberinto* se observa el choque de generaciones entre hija y madre radicadas en Nueva York. En la hija, el autor caracteriza por primera vez a la mujer puertorriqueña instruida que se adapta a su nuevo ambiente y trabaja para una agencia de publicidad en la ciudad. La madre, en cambio, lucha inútilmente por mantener las costumbres tradicionales de la vida en Puerto Rico. La madre quiere hacer de su hija una monja y vive evocando constantemente a su isla soñada. La hija, más realista, muestra cierta indiferencia hacia todo lo que su madre representa. Pero aun cuando Rosana Cortines se deja absorber por la vida en la ciudad, conscientemente mantiene su realidad de ser puertorriqueña y se hace enfermera para ayudar a sus compatriotas necesitados.

---

[35] Laguerre, *El laberinto* 242.

Con *Cauce sin río* dejamos la vida en Nueva York para, con el autor, hacer incursión en la vida de la nueva clase media puertorriqueña y observar cómo sus miembros se van desarraigando de su ambiente y de su cultura. La novela nos presenta una serie de problemas de orden moral y espiritual en las instituciones fundamentales de la sociedad puertorriqueña (economía, clases sociales, religión, política, familia, etc.); problemas que han ido surgiendo a medida que se operaba el cambio de una sociedad agraria a una sociedad industrial como consecuencia de la nueva cultura. Como símbolo de la vida vacía y frívola en el nuevo orden social, Laguerre ha creado un nuevo tipo de personaje femenino: la mujer como esclava de los bienes de consumo, triste destinataria de los excesos de las ventas, de la propaganda indiscriminada y de la vanidad en el gasto de aquellas cosas que con el uso se extinguen.

Víctor H. R. Sandeau, el protagonista, pertenece a la clase dirigente de Puerto Rico. Abogado que decide hacerse rico con el negocio de bienes raíces, vive con su segunda esposa, Marina, y con Maritza su hija, en la exclusiva urbanización de Green Plains. En el momento en que cree tener la muerte cerca hace un análisis de lo que ha sido su vida hasta ese momento. Cobra conciencia de la inutilidad de esa vida y decide cambiar de rumbo:

> ...De todo esto lo que más me duele es la actitud que, de casado, asumí frente a mi mujer. Me dejé impresionar, inusitadamente, de sus pequeños actos dramáticos y estuve siempre dispuesto a correr casi sin tino detrás de los papeles que ella soltaba al viento.[36]

Deja la vida vacía y frívola de Green Plains y se refugia en Sanetién donde conoce a su medio hermano y llega a querer a sus sobrinos. Encuentra a su antigua compañera María Eugenia, de quien obtiene el amor y la perspectiva de la felicidad, y recibe la visita de Marilola, el antiguo

---

[36] Enrique A. Laguerre, *Cauce sin río* (Río Piedras, Puerto Rico: Cultural, 1974) 22.

amor de sus años estudiantiles. Aunque María Eugenia decide irse y dejarle, al final el protagonista logra su identidad humana y cultural.

La aguda crítica social iniciada en *Cauce sin río* es continuada en *El fuego y su aire*, novela donde la problemática puertorriqueña se presenta cada vez más compleja. En ambas novelas el autor cubre temas desde los sociopolíticos y económicos hasta los morales y religiosos. Por ende, la caracterización de la mujer no es ya la de "reina del hogar", sino que es la de esclava de los bienes de consumo; la esclava de la producción industrial que la lleva a consumir lo que la publicidad exalta.

Ambas novelas, de cierta forma, dejan establecido el principio de inferioridad de la mujer al ser ésta la "impura", la "seductora", la que arrastra al hombre hacia el pecado, la causante de la destrucción del hogar y la familia y la causante de la pérdida de la identidad puertorriqueña. Sin embargo, puede notarse también que ha comenzado a ponerse en crisis el llamado complejo del "machismo".

El fuego y su aire trata sobre la búsqueda de la identidad puertorriqueña, intensificada en el protagonista Pedro José Expósito. Este a los siete años de edad recobra conciencia de su vida en un hospicio para retardados mentales. Ya adolescente, abandona el hospicio donde ha descubierto su genio musical y se lanza a recorrer Nueva York. Sostiene una aventura amorosa con una norteamericana, va al ejército como soldado en el frente de Corea, vuelve a Nueva York desde donde sale para Puerto Rico en busca de su pasado puertorriqueño.

En San Juan, mediante la amistad con Adalberto Linares, conoce a Lori Taveras, hija de una de las familias más opulentas de la Capital. El protagonista estrecha su amistad hasta el punto de unos amores platónicos. Sin embargo, el desencanto y la desolación de Pedro José aumentan con la realidad que se le revela en la isla. Profundamente decepcionado ante esa realidad, se lanza hacia la revolución dominicana. "No se sabía, no, si cayó en el alfaque o si logró escapar al monte. Qué importaba, después de todo. Había decidido desafiar la sofocación: buscaba aires con que avivar su fuego".[37]

En su última novela (hasta ahora publicada), *Los amos benévolos*, Laguerre pone en práctica las últimas técnicas de la novelística hispanoamericana. Consta de tres partes: "Un cirio para alumbrar el día", "El camino de las hormigas" y "Réquiem por un prócer". Cada una de las dos primeras partes es una novela entre sí y ambas tienen un desenlace común en la tercera parte.

En "Un cirio para alumbrar el día" todos los hechos ocurren en un ir y venir del presente al pasado donde conviven por igual vivos y muertos. La ambición de riquezas y poder de Miguel Valencia, el protagonista, lo lleva a contraer matrimonio con una mujer (Estela) a cuya locura contribuye y de la cual le han nacido dos hijos, uno de los cuales —un homosexual— es la vergüenza del padre.

Valiéndose del engaño, del oportunismo, de la hipocresía y hasta del desprecio hacia la cultura, logra ascender a las más altas esferas del gobierno, pero en el licenciado Valencia se desata una crisis espiritual ante el dolor que le produce el fracaso, al no poder encontrar la felicidad en su culto a la civilización industrial y capitalista.

Miguel Valencia se suma a la lista de los personajes de Laguerre que logran abrirse camino en los estudios por sus propios méritos. Pero, a diferencia de Adalberto Linares, Valencia no pudo encontrar "los alientos poéticos" o "el fuego íntimo sin el cual no pueden sobrevivir los pueblos"; no pudo hallar el camino de la convivencia; y sí pudo obtener dentro de sí mismo una aristocrática solitaria por compañía.

---

[37] Enrique A. Laguerre, *El fuego y su aire* (Buenos Aires: Losada, 1970) 136.

Aunque se nota un deseo de reivindicación, Valencia ha
llegado muy lejos y no puede desprenderse ni separarse
de su solitaria (símbolo del poder y la riqueza y voz interior
que se sobrepone a su conciencia). Al final de la obra,
queriéndose liberar de ella, en un impulso inconsciente
asesina a Maritoña, su ama de llaves, y muere a manos
de Lenny, el hijo de ésta. Termina la obra con una
exaltación a los valores de la vida y la obra de Miguel
Valencia; sátira a los homenajes póstumos a los "prohombres" desaparecidos:

> Pese a sus múltiples ocupaciones de hombre comprometido con
> el progreso de su país, en la construcción, en las empresas del
> urbanismo más avanzado, aún sacó tiempo para cultivar perio-
> dismo de altura, escribir libros, patrocinar actos de cultura en el
> Ateneo, ayudar a estudiantes pobres, ofrecer todo su entusiasmo a
> los actos de caridad.[38]

En sus últimas obras, el autor introduce figuras femeninas de la vida real y muy queridas por el pueblo
puertorriqueño. Por ejemplo, en *El fuego y su aire* doña
Felisa Rincón de Gautier es presentada con sus rasgos
físicos y espirituales. Esta admirable mujer asumió las
responsabilidades de sus siete hermanos al quedar huérfana de madre a los once años. Desde el primer momento
en que entró en la política (1932) asumió la responsabilidad de representar a su partido. Fue muy admirada por
su destacada participación en el mundo de los negocios y
estuvo en el cargo de Alcaldesa de la Capital de Puerto
Rico desde 1946 hasta 1969. Por ser una digna mujer de
cualidades humanas, morales y religiosas dignas de
emularse, ha sido homenajeada y reconocida en Hispano-
américa, en Norteamérica y en Europa.[39]

---

[38] Enrique A. Laguerre, *Los amos benévolos* (Río Piedras, Puerto Rico:
Universitaria, 1976) 274.

[39] Comisión de Derechos Civiles, *La igualdad de derechos y oportunidades de la mujer puertorriqueña* (San Juan, Puerto Rico: Estado Libre
Asociado de Puerto Rico, 1973) 267.

Nilita Vientós Gastón, figura muy conocida de las letras puertorriqueñas, es otra persona real incorporada en *El fuego y su aire*. Son conocidos sus trabajos ensayísticos en revistas como *Asomante, Puerto Rico Ilustrado* y otras. Presidió el Ateneo Puertorriqueño y fundó la revista *Sin Nombre*. El autor la presenta como uno de los críticos literarios que mejor conocen la obra de Henry James.

Aunque no aparece como personaje de la novela, en *Los amos benévolos* el autor describe la belleza y la gracia de Marisol Malaret, primera puertorriqueña en obtener el título de Señorita Universo.

Estas figuras cumbres de la vida puertorriqueña quedan plasmadas en la obra de Laguerre como un merecido reconocimiento que éste hace a la mujer que ha logrado escalar un puesto destacado en la sociedad.

Y, podríamos arriesgarnos a concluir, cada obra del autor revela un momento distinto en el proceso emigratorio de la mujer puertorriqueña: De la miseria campesina a la miseria del arrabal y luego a la metrópolis neoyorquina, donde, generalmente hablando, no se adapta convenientemente, aunque en la familia comiencen a cambiar las comidas, las costumbres y hasta el idioma. Se produce, pues, la falta de comunicación. Esta falta de comunicación es uno de los factores que más afectan en forma negativa a la mujer puertorriqueña que emigra a Nueva York, donde vive presa de la nostalgia, echando de menos la solidaridad de la familia, y con la esperanza de regresar a Puerto Rico en cualquier momento.

Capítulo IV
Siluetas femeninas en Laguerre

Aunque las obras de Enrique A. Laguerre no plantean una modificación del papel subordinado de la mujer, hay en ellas la denuncia de las contradicciones y conflictos de la existencia femenina, inserta en una sociedad que tronchó desde un principio toda participación activa o beligerante. Por tanto, en sus novelas el autor nos presenta un mundo de mujeres enmarcadas en esa sociedad y se comportan sin violencia dentro de ella. La mayor parte son personajes femeninos caracterizados de tal forma que aguantan la opresión y la discriminación de que son víctimas, y aceptan como "natural" la humillación y el desprecio con que el hombre las maltrata.

Si bien es cierto que Laguerre tiende a idealizar a la mayor parte de sus personajes femeninos, también hay que hacer notar que realmente está trazando aquellos rasgos característicos del mundo externo de la mujer puertorriqueña frente a un machismo que corrompe su sentimiento de dignidad.

Isabel Picó señala:

> Entendemos por machismo el conjunto de actitudes, creencias y conductas que resulta de la creencia que un sexo es superior a otro. El superior dentro de esta visión del mundo es el varón, y en diferentes aspectos: físico, intelectual, caracterológico, cultural y sexual. El machismo se expresa esencialmente en hábitos, costumbres y actitudes de discriminación del sexo femenino. Es un fenómeno cultural originado en condiciones económicas a las que

trasciende para convertirse en causa y efecto, y así legitimar las desigualdades existentes en la sociedad.[1]

Esta posición permite a María del Carmen Monserrat afirmar, por ejemplo, "que el fenómeno del 'machismo', visión criolla de la fusión y adaptación de dos conceptos seculares, la honra española y el pater familias romano, era bien notable en la isla a principios de siglo, sobre todo en las áreas rurales, y por ende el escritor tuvo que impregnarse de sus manifestaciones y consecuencias".[2] Por ser un mal social tan generalizado, el autor comenzó a tratar el tema desde sus primeras novelas, subrayando las consecuencias de las actitudes "machistas" en nuestra sociedad; concretando su atención en los efectos directos sobre la familia.

Se puede encontrar un ejemplo sorprendente de "machismo" en *La llamarada* en la figura de Jacobo Borrás, padre del protagonista. La actitud del padre había corrido al hijo fuera del hogar y las hermanas vivían en un ambiente de miedo e inseguridad. El personaje se perfila mejor en *Solar Montoya,* donde no tan sólo provoca malestar en su propio hogar, sino que produce la desdicha de otra familia al violar a la hija mayor de Catana.

Para transmitirnos su rechazo hacia las actitudes de este personaje, el autor escribe:

> Doña Ana, discreta ante los alardes de masculinidad de Jacobo Borrás, quien se llevaba las manos a sus partes viriles en vulgares exhibiciones de hombría...[3]

Esta imagen de Borrás, pero con diferentes nombres se repite a través de toda la obra laguerreana. Así en *La resaca* se dice de Balbino Pasamonte:

---

[1] Isabel Picó, *Machismo y educación en Puerto Rico* (Río Piedras, Puerto Rico: Centro de Investigaciones Sociales, Universidad de Puerto Rico, 1983) V.

[2] María del Carmen Monserrat, "La personalidad del puertorriqueño y los aspectos educativos en la novelística contemporánea de Puerto Rico", (Tesis inédita. Universidad Complutense de Madrid, 1979) 944.

[3] Laguerre, *Solar Montoya* 63.

Pasamonte estaba orgulloso de sus ejecutorias, más orgulloso de la cuenta; pero extremaba sus demostraciones con el fin de engañar su extraña preocupación. Y cuando el joven tenía alguna aventura amorosa se llenaba de júbilo y decía: "Hijo de gato caza ratón". El colmo del júbilo vino cuando Puro, a los diecisiete años dejó encinta a Malén, la primogénita de Carlos Solares. Este vino a Monte Grande a quejarse; Pasamonte ignoró la deshonra del pobre campesino. Se puso a gritar estentóreamente a la vista de los peones:
> —¡La preñó! ¡Caray, cómo la preñó![4]

En *El 30 de febrero* se llama Angel Santos, padre del protagonista, a quien nunca reconoció como hijo. Sin embargo:

Luego doña Julia habló de lo estricto que era don Angel con sus hijas y del interés que tenía él en los niños. A pesar de ser un hombre público, político destacado y hombre de muchas relaciones, Santos practicaba austeridad de costumbres. Más bien educaba a sus hijas a la manera tradicional. Era miembro de sociedades religiosas e iba puntualmente a la iglesia. Inculcaba en sus niñas el deber de ir a misa, el amor a las causas pías. Había escrito varios artículos en contra del abandono de menores y en favor del establecimiento de hogares para huérfanos.[5]

En *El laberinto* su nombre es Luis Jaramillo:

...Luis es el único responsable de la situación. La arrinconaba poco a poco; le ha hecho creer que ella y nadie más es un ser de abominable pecado. Ha asimilado las malas opiniones que tiene él de ella, porque está entregada a él, y siempre hace cuanto él quiere.[6]

Como podemos observar, el fenómeno machista influye en las preconcepciones que ofrecen una definición de los sexos estableciendo normas diferentes para el hombre y la mujer. El varón, experto en el sexo, durante toda su vida puede reafirmar su virilidad con relaciones amorosas extramaritales, imponiendo su voluntad en el hogar, dominando siempre la voluntad de la mujer.

---

[4] Laguerre, *La resaca* 78.
[5] Laguerre, *El 30 de febrero* 202.
[6] Laguerre, *El laberinto* 155.

El producto de esas actitudes nos lo ofrece Laguerre caracterizando a la mujer sublimada en soledad, reflejando la situación de la mujer en una sociedad cuyas normas no le ofrecen más salida que la resignación, la dependencia y la pasividad; ofreciéndonos personajes femeninos incapaces de asumir su propio destino.

Personajes femeninos

Los críticos de la literatura puertorriqueña coinciden en que, a pesar de la rica galería de retratos femeninos, de tipos femeninos y, a veces, de caricaturas femeninas, el verdadero tema de la obra novelística de Laguerre es el hombre y sus problemas. Aunque no lo exponen abiertamente, al menos se insinúa que la presencia femenina sirve para iluminar mejor el problema del hombre o es simple reflejo de una situación social establecida.

En su artículo "La novela en Puerto Rico", Anita Arroyo comenta:

> Las mujeres son lo más débil de *La resaca*, las más idealizadas y románticas... No logra el novelista trabar una silueta femenina que se imponga como la mujerona de los llanos venezolanos de Gallegos. Es que, precisamente, las idealiza el escritor. La madre de Dolorito, la infeliz Lina es una santa. Bella su imagen materna, toda abnegación y sacrificio. Pero no llega a ser una mujer; es, quizás lo que el novelista sólo se propuso: un símbolo.
>
> Y la mujer más carnal, la Rosario, tampoco llega a ser una vigorosa figura femenina que pueda compararse, ni con mucho, con la fuerte y nítida personalidad del protagonista...

Más adelante, refiriéndose a *Cauce sin río* comenta:

> ...Frutas de cundeamor es el corazón de Merche, una de las figuras femeninas del novelista que no imprime a sus mujeres el vigor que caracteriza a los personajes masculinos.[7]

Angelina Morfi señala: "La mujer no ocupa en *La resaca* un sitio prominente. Muchas veces su paso es fugaz

---

[7] Anita Arroyo, "La novela en Puerto Rico", *Revista del Instituto de Cultura Puertorriqueña*, Vol. 8:28 (Julio-Septiembre de 1965) 48-54.

lo que no le permite crecer como ente humano..."[8]
José Emilio González, sobre *El laberinto*, escribe:

> De las figuras femeninas la más atrayente es Rosana, en quien percibimos una vibración de mujer entera, consciente de sí misma y capaz de llegar por el amor al sacrificio. Paulina es la esposa sumisa, cuya desgracia se disuelve en lágrimas y suspiros...[9]

René Marqués, comentando *La ceiba en el tiesto*, señala:

> ...En cuanto a Elisa (la prima rica) es mera sombra a lo largo de la obra, personaje natimuerto que se mantiene tras bastidores sólo para que sirva oportunamente al *'happy ending'* de la anécdota.[10]

Luis O. Zayas Micheli, refiriéndose a *El fuego y su aire*, nos dice:

> A la mujer es a la que más fustiga Laguerre. El, que ya había ofrecido su retrato de la mujer ideal en doña Ana y en Carmencho, ahora la presenta como una de las responsables más prominentes de la asimilación... De ahí que no tenga conmiseración al caracterizar a la burguesa puertorriqueña.[11]

María del Carmen Monserrat (pág. 807) afirma que en *Los años benévolos* las mujeres, en general, aparecen más sensatas que los hombres. Al analizar sus comentarios hemos encontrado que la imagen femenina en *Los amos benévolos* es la misma a la que ya el autor nos tenía acostumbrados: madres que se hacen responsables del mantenimiento de la familia —Eusebia, Liña, Berta—; la responsabilidad de la mujer para sacar al hijo adelante —Tule, Merche, Eusebia—; mujeres frente a un hombre holgazán —Lina, doña Emma—. Laguerre convierte en

---

[8] Morfi 95.

[9] José Emilio González, "El laberinto", *Asomante,* Vol. 19:2 (Abril-Junio de 1963) 74.

[10] René Marqués, *"La ceiba en el tiesto,* la novela de Laguerre en nuestra literatura actual", *El Mundo*, primera sección, 19 de mayo de 1956: 20.

[11] Luis O. Zayas Micheli, *Lo universal en Enrique A. Laguerre: Estudio en conjunto de su obra* (Río Piedras, Puerto Rico: Edil, 1974) 159.

heroína a la mujer que se consume en el hogar, a la mujer insignificante que se convierte en el eje principal de su familia; pero mujer que vive su vida exterior en la más absoluta entrega a los cánones establecidos.

Aquellas que no se adaptan a las normas establecidas, son caracterizadas como mujeres frívolas, símbolo del consumerismo de la clase media que ha surgido en la isla a causa de la industrialización y la modernización; y, aquellas —las menos— a quienes les ha dado la oportunidad de destacarse, desaparecen, unas por la muerte —Rosana y Lucrecia Madrigal—, y la otra, Marilola, porque Laguerre no volvió a crear otro personaje femenino similar.

Entre las muchas mujeres que aparecen en la obra, vamos a señalar aquéllas cuya caracterización ha sido mejor lograda por el autor o aquéllas con las cuales podría identificarse la mujer puertorriqueña de la época actual.

Lucrecia Madrigal

Con Lucrecia Madrigal, única protagonista femenina de su creación literaria, Laguerre ha logrado un personaje femenino con verdadera fuerza dramática.

Físicamente es "de piel fina y dorada, el pelo color de pulpa de níspero, sus ojos atrayentes. Algunas veces parecía fea, dura la expresión, fierecilla en acecho...",[12] pero "con gran atractivo para los hombres, capaz de acaparar todos los piropos".[13]

El carácter descrito por la gitana que la adiestró en la quiromancia coincide con el carácter verdadero de Lucha: paciente, amiga del detalle, amiga de impresionar, fatalista, persistente, caprichosa, vacilante, de gran magnetismo personal y con poder de clarividencia.

Su carácter, influido por una niñez atropellada por los adultos, por su desamparo económico y por su vida

---

[12] Laguerre, *Los dedos de la mano* 38.

[13] Laguerre, *Los dedos de la mano* 42.

amorosa inestable, hace de su existencia un drama con-
movedor. Su situación toma mayores proporciones por las
luchas sociales que ocurren a su alrededor.

Lucrecia Madrigal crece huérfana de la imagen de su
padre. Su autoritaria madre y un hermano de ésta tratan
de moldear su conducta en todo momento. Sin embargo, la
verdadera tragedia de la protagonista comienza cuando
regresa al pueblo convertida ya en una flamante maestra
cuya meta fue desde entonces subir de categoría social.

Descubre que "la gente es más supersticiosa e indefensa
que lo que una cree"[14] y se aprovechó para poder escalar la
ansiada categoría social: inventó antepasados ilustres;
por sus cuidados a doña Monserrate Torre del Salto en su
lecho de enferma logró ganarse la voluntad de la señora, y
con el espaldarazo de ésta se lanza Lucha a ocupar un
puesto en la sociedad. Contrae matrimonio con el rico
hacendado Adolfo Cáceres y conquista un puesto en el
mundo de las letras al publicar su libro de versos. Viuda de
su primer esposo, vuelve a contraer matrimonio con Puro
Pasamonte, senador y el hombre más rico del pueblo.

Según va escalando las metas sociales, se pone de
manifiesto la tragedia espiritual de Lucha hasta el desenlace trágico de la novela. La ambición es el elemento más
importante en su caracterización sicológica; es la falla
trágica que la convierte en la antiheroína. Los factores
que conducen a ese desenlace funesto tienen su funda-
mento tanto en la protagonista como en la inhabilidad de
quienes la rodean en ese mundo plagado de conflictos
sociales. Ante ese mundo se subleva Lucrecia y termina
derrotada al perder, junto con Juan su hombre del corazón, la oportunidad de tener un hijo suyo y "conversar en
la oscuridad, reposadamente, mientras creaban una vida
de amor para una criatura de sueños..."[15] Ella, que una vez
sintió que la maternidad hubiera cambiado definitiva-

---

[14] Laguerre, *Los dedos de la mano* 194.

[15] Laguerre, *Los dedos de la mano* 183.

mente su vida, al final se alegra de no haber tenido hijos para no "azorarlos con lutos":

> Debiera alegrarme que un hijo o una hija no desgarrara mi entraña, porque tal vez ahora él o ella sería víctima de antiguos sentimientos de culpa y viviría zurrado del miedo, obligado a guardar lealtad a fantasmas. Yo misma dudo a veces de que haya tenido niñez.[16]

Otro elemento importante en su sicología es que Lucha en todo momento está consciente de la responsabilidad que conlleva traer un hijo al mundo. Ella pudo haberle dado un hijo "legítimo" a su esposo y con ello adquirir más seguridad material. Pero: "...Un hombre que deja morir de hambre a sus hijos y no paga bien a sus obreros, no puede ser padre de un hijo suyo".[17]

Para ella la maternidad es la realización de la mujer, siempre que la maternidad se logre dentro de los conceptos tradicionales de la familia, predominando el amor, la comprensión y la seguridad de los ciudadanos del mañana. Lucrecia comparte el modelo de sicología de la mujer destinada a permanecer inmutable a través de las transformaciones socioculturales y a través de los cambios ambientales, ya que a ese concepto se encuentra ligada indefectiblemente la posibilidad de crecimiento de los hombres conscientes, capaces de amor y fecundidad, y por lo tanto capaces de adaptarse a la realidad.[18]

Al sentir que no había podido realizarse como mujer, Lucha se da cuenta de que su matrimonio había sido un sacrificio a voluntad, razón por la cual sintió repugnancia por su actuación y por haber gastado su vida inútilmente.

---

[16] Laguerre, *Los dedos de la mano* 194.

[17] Laguerre, *Los dedos de la mano* 169.

[18] Magda Viola, "La psicología de la mujer" en *La mujer en la nueva sociedad* (Bilbao, España: Mensajero, 1971) 181.

Dolores Soler

Junto a Lucrecia Madrigal, Dolores Soler es otro personaje interesante de *Los dedos de la mano*. Si en aquélla la caracterización parte de la propia intimidad de la protagonista, en Dolores Soler la situación social del personaje se destaca sobre su interioridad. En ella no hay pasado. Es la mujer que nace a los veinte años, dejando con su pasado olvidado todos los odios y resentimientos que pudo haber acumulado a lo largo de su vida.

...Desde sus inicios en el movimiento obrero, luchó por sobreponer las ideas a los sentimientos, por huir de los lazos afectivos que siempre atan. Se deshumanizó, sí, por querer ser idea viviente. Tuvo debilidades, sin duda. Creyó ser otra, muy alejada de la pobre adolescente Malén, a quien el hijo del hacendado deshonró. Rodó por la isla, sirvió en los menesteres más tristes, se hizo costurera, unióse al movimiento de redención social desde sus inicios; aprendió a leer y a escribir sin ayuda de nadie, quiso dar a su hijo lo que ella no había tenido...[19]

Pero el hijo, que además de madre vio en ella a una camarada, supo honrar y querer a su madre aun conforme a la disciplina que le habían impuesto. Y no reprochaba que le llamasen "el hijo de la mujer macha"; después de todo, si Dolores afronta un mundo que censura que una mujer use pantalones de hombre y sea una líder obrera, lo hace por el bienestar de las trabajadoras que compartían con los trabajadores varones la explotación y la lucha.

En ella está caracterizada la mujer de fe política que milita en los sindicatos. Canaliza su militancia y compromiso social por diferentes vías: o frente a la huelga; o caminando largas distancias a pie persuadiendo a las despalilladoras de tabaco de los campos para que hicieran su adhesión a la causa, para que junto a los hombres marcharan en las militantes huelgas de las fábricas de

---

[19] Laguerre, *Los dedos de la mano* 161.

cigarros; no como esposos o miembros de una misma familia, sino como compañeros de trabajo. Su misión en la lucha obrera no terminaba nunca, porque cuando se dedicaba a coser para el público, brindaba su taller para las reuniones de los obreros.

Sin embargo, en esta mujer combatiente se va operando un cambio. Ha dejado atrás su antigua dureza. Con la llegada de su nieto se ha despertado en ella el sentimentalismo que tanto había rehuido. Comienza a sentir que su posición está en el hogar. Por su nieto acepta ser esposa de Pasamonte, y vuelve a renacer en ella Magdalena Soler.

Con Dolores, Laguerre reitera que para él la esencia de lo femenino está en la posición de la mujer en el hogar; y la única forma de recuperar esa esencia es a través de sus relaciones con la familia.

Rosana Cortines

Rosana Cortines es otro personaje secundario, poco importante en sí, que el autor ha creado para que contribuya a la trama de la novela *El laberinto*.

Rosana es un personaje interesante por su libertad de criterio y movimiento. A los veinticuatro años vive en Nueva York con su madre, doña Isabel Cortines, señora tallada a la antigua, con una moral del siglo XIX, que sólo ve pecado en todos los actos de su hija. En el arte comercial doña Isabel ve indecencias, aunque es la profesión de la cual vive su hija.

Hija y madre nunca logran ponerse de acuerdo. La madre se manifiesta en contra del amor que la hija siente por Alfredo Laza; mientras Rosana misma no alcanza a comprender el por qué de ese amor hacia un hombre que sólo veía en ella a una chiquilla malcriada. Por su modo de pensar notamos que Rosana ama en un hombre su autenticidad, los motivos de ese hombre para vivir y luchar.

Ella es la mujer interesante, agradable, exquisita; cuyo único anhelo es el amor de un hombre y ser amada por él;

admirarle y servirle e, inclusive, configurarse a su semejanza y morir con él, abrazados los dos a una buena causa.

A todo esto, una vez casada con Alfredo, Rosana no se
siente amada ni protegida por el hombre que había sido su
ensoñación. Incapaz de comunicar su sufrimiento personal, al creerse desamparada, dio en el hábito de la
bebida. Pero su valentía y su autenticidad logran que se
reponga rápidamente, y es en el hospital donde responde a
la llamada de los intereses humanos y se convierte en
enfermera para ayudar a sus paisanos enfermos.

Y como enfermera ofrece sus servicios en la misión
revolucionaria que va hacia la República Santiaguina,
para estar cerca del hombre de su vida. "Si no podemos
vivir juntos, vamos a morir juntos", le había dicho ella.
Pero él trató de hacerle creer que esta expedición no era
para morir, sino para vivir. Persistía en ella el pesimismo:
cuando él saltó de la goleta a la lancha, vio en su sonrisa
lúcidas señales de despedida...[20]

Rosana Cortines, la soldadera, muere tratando de auto-
realizarse como mujer. Con este personaje Laguerre ha
querido transmitir las características de "la mujer que se
rebela contra un orden de cosas impuestas por el hombre,
hasta el punto de ponerse frente a un estado de cosas
sociales".[21]

María Dolores

Con la María Dolores de *Cauce sin río*, Laguerre hace
una especie de homenaje a la mujer, porque María Dolores
es la representante femenina que no ha elegido la resignación, sino que se afana, que tiene responsabilidades y
conoce la dureza de la vida. Es, además, interlocutora del
hombre a su mismo nivel, pero con la necesidad sicológica
de ser protegida, lo que la hace más humana.

---

[20] Laguerre, *El laberinto* 230.

[21] Laguerre, E.A. Entrevista personal. 25 de marzo de 1980.

Ernesto Martínez Nadal afirma que de las cuatro mujeres de *Cauce sin río*, María Dolores es la de más recia personalidad, la que infunde mayor simpatía y admiración, valerosa, inteligente, desterrada por voluntad propia, atractiva por su franqueza; y para colmo, de sentimentalidad y ternura conmovedoras.[22]

A los cuarenta años "conservábase joven para su edad, risueños los ojos, sonrosado el cutis, franca la risa. Nunca fue excepcionalmente bella, pero era atractiva".[23]

De niña, pareja inseparable de Víctor Sandeau el protagonista de la novela, hacía esfuerzos por seguir siempre a la muchachada masculina. Ellos tenían que despistarla, aunque admiraban su aplomo; nada parecía asustarla.

Ya adulta, su temperamento apasionado no logró el amor correspondido. Pensaba que se había enredado con más extranjeros de la cuenta: un norteamericano, un francés y un español. Amó a un puertorriqueño siendo ella una adolescente y lo volvió a encontrar en México donde vivieron una apasionada aventura amorosa. Pero el puertorriqueño también le falló y ella es incapaz de guardarle rencor, ni siquiera cuando Sandeau la deja plantada en México para casarse con Marina.

Esta mujer diligente e inquieta se sale del estereotipo de la mujer puertorriqueña de su época. Desterrada por voluntad propia, hace su vida fuera de Puerto Rico. Enseña en universidades extranjeras, hace trabajos periodísticos y trabaja para las Naciones Unidas en un proyecto de educación en México.

Decide abandonar este proyecto porque "aunque la idea es excelente, no pasa de ser una concesión mínima con el fin de mantener el 'statu quo', el dominio de unos pocos sobre los muchos. No se interesan [sic] buenos resultados,

---

[22] Ernesto Martínez Nadal, "Consideraciones sobre la novela *Cauce sin río* de Enrique A. Laguerre", *Revista del Instituto de Cultura Puertorriqueña*, 2:22, (Enero-Marzo de 1964) 12.

[23] Laguerre, *Cauce sin río* 51.

sobre los muchos. No se interesan [sic] buenos resultados, sino dar la impresión de que se practica la justicia social. Se ve que los filántropos se liberan de una mínima parte del dinero adquirido a dentelladas sin poner fe ni respeto en sus semejantes".[24] María Dolores no puede mantener el "statu quo", por el compromiso específico de acción que ella tiene con su mundo.

Con María Dolores, Laguerre nos ofrece un personaje femenino de verdadera participación histórica en su realidad circundante. Es la mujer que se interesa genuinamente por los conflictos sociales que aquejan a la sociedad puertorriqueña de su momento. El desarrollo del personaje muestra a una mujer consciente de las transformaciones que se están operando en una sociedad hasta entonces tradicionalista. Lo más grave, a su juicio, es que el puertorriqueño vive de espaldas a su cultura, y, de continuar esa trayectoria, Puerto Rico tendrá que afrontar las consecuencias.

María Dolores no puede vivir en un país lleno de "ausentes" y tiene que desterrarse, muy a pesar suyo, para no ser cómplice de aquéllos "que desean convertir a Puerto Rico en un barco de lujo para que naufrague".[25]

---

[24] Laguerre, *Cauce sin río* 151.

[25] Laguerre, *Cauce sin río* 72.

Capítulo V
El concepto de la mujer en Laguerre

El concepto "mujer" en las novelas de Laguerre es fácil de aislarse: la madre en todas sus facetas, la esposa sumisa, la amiga incondicional, la prostituta, la actriz... A veces es la copartícipe del hombre,[1] otras veces es el sexo secundario y postergado por la superioridad masculina,[2] pero siempre es "la mujer-mujer, sin alternativas ni neutrismos".[3]

Por medio de la denuncia implícita, Laguerre se limita a presentar a la mujer como un ser pasivo que no cuestiona las contradicciones o injusticias del sistema social. La caracteriza como compendio de hechos sociales, culturales y sicológicos; presentando a la figura femenina en todos sus aspectos desde la niñez hasta la madurez de su vida, aun cuando, a excepción de la protagonista de *Los dedos de la mano,* ellas son figuras secundarias en las novelas. Sin embargo, siempre que en la obra laguerreana

---

[1] Mary Beard en *On Understanding Women* (New York: Greenwood, 1968) trata de destruir la creencia en la sumisión de la mujer al hombre a través de la historia, viéndola al lado de él siempre como compañera inspiradora.

[2] Simone de Beauvoir en *El segundo sexo* (Buenos Aires, Argentina: Siglo Veinte, 1977) basa su estudio en el hecho de que la mujer está postergada por ser el "segundo sexo", presumiendo que el hombre sea el primero (según el Génesis).

[3] Enrique A. Laguerre, "De hombres y mujeres", *El Mundo,* 21 de febrero de 1981: 11-A.

se cuestiona la injusticia, el carácter o el concepto de la mujer, se hace a través de una perspectiva masculina.

Para Dolorito en *La resaca,* la mujer es la madre. Toma la defensa de las mujeres, sobre todo de las indefensas, por lo que significó para él su madre Lina. El, que de niño se había enfrentado a un caporal por defender a una esclava, se opone al abuso contra la mujer, mas no se opone a que un hombre se aproveche de la oportunidad que ella le brinde voluntariamente.[4]

Luis, personaje masculino de *El 30 de febrero,* expone:

> ... Nosotros nos hemos tomado el derecho de dictar normas de conducta a la mujer y eso es malo. La mujer tiene tanto derecho a educarse, a escoger profesiones y a distinguirse en todas ellas, que se le respeten sus ideas, a ser tratada como un ser humano y no como una cosa. Pero ella debe entender que el papel de madre es la profesión más importante del mundo...[5]

Presenta así la idea de que lo eterno femenino es el sentimiento maternal en el fondo. Por tanto: "La mujer es tierra caliente y viva donde el hombre siembra su semilla".[6] Descarta otras ideas según las cuales lo eterno femenino es la coquetería, la blandura o la sumisión, aunque en *Los dedos de la mano* destaca la coquetería como una cualidad femenina que ayuda a la mujer a conocer mejor el secreto de "cómo provocar la mordida de la manzana, secreto que ha venido pasando de madre a hija desde Eva para acá".[7]

Otro personaje masculino en *El laberinto* señala que en términos generales la mujer es como el hombre la hace,[8] y además: "La tragedia de la mujer es ser incompleta. Será siempre una 'media naranja', una 'costilla', acaso una pregunta que necesita respuesta".[9] En esta novela se hace

---

[4] Laguerre, *La resaca* 275.

[5] Laguerre, *El 30 de febrero* 140.

[6] Laguerre, *El 30 de febrero* 142.

[7] Laguerre, *Los dedos de la mano* 105.

[8] Laguerre, *El laberinto* 187.

[9] Laguerre, *El laberinto* 89.

también reconocimiento a la influencia que la mujer ejerce sobre otros al poseer ésta "como un sexto sentido y razonar mágicamente, sobre todo, cuando quieren persuadir a las personas de sus afectos".[10] Y reprocha la falta de discreción: "La mujer puede guardar un secreto como el hombre, pero tiene por costumbre guardarlo entre muchas".[11]

En *La ceiba en el tiesto,* el protagonista compara dos tipos de mujer: su ex-esposa Clotilde es el agente tiranizante que anula a todos los que tiene cerca, mientras que Elisa, su esposa, es la mujer que sabe aquilatar su esencia femenina.

Laguerre abandona un poco su concepto tradicional de la mujer en *El fuego y su aire,* donde hace un análisis crítico del estereotipo más común y más denigrante de la mujer como objeto sexual. Señala que "la mujer es un importante modo de vida".[12] Alude el autor a la forma en que la publicidad a través de los medios de comunicación explota el cuerpo de la mujer, sus atributos sexuales y su capacidad para incitar al hombre. Por primera vez utiliza una figura femenina para criticar esa forma de opresión:

> —Tú sabes, he servido de modelo a varias casas comerciales. Esos anuncios, tú sabes, en que una tiene que entornar los ojos cuando ve cierta marca de cigarrillos. Es tonto que te lo diga, pero vivimos en un mundo de mercaderes y la mayor parte de nosotros somos el producto de la 'estandarización', ¿no crees? Los mercaderes nos estandarizan para que estemos en armonía con sus 'standards'. Hasta se ha conseguido 'estandarizar' la excitación del consumo. No sé lo que me pasa cuando me veo en uno de esos 'shorts' en uno de los carteles. Me pongo furiosa conmigo misma y me dan ganas de quitarme de en medio. Es terrible.[13]

La mujer sufre una doble explotación. No sólo es utilizada como objeto sexual para vender cigarrillos, sino

---

[10] Laguerre, *El laberinto* 170.

[11] Laguerre, *El laberinto* 193.

[12] Laguerre, *El fuego y su aire* 43.

[13] Laguerre, *El fuego y su aire* 44.

que estos anuncios condicionan la conducta de las demás mujeres. La "estandarización" estriba en que son los formadores de la sensibilidad femenina y los modelos para su comportamiento. Por tanto, son una limitación en las posibilidades de desarrollo de la mujer como ser humano junto al hombre.

En *Los amos benévolos,* Germán Valencia defiende su posición respecto a la mujer frente a las ideas retrógradas de su padre:

> —No creo que la diferencia de sexo cuente tanto. La mujer es superior al hombre...
> No me dejó terminar. ¡La mujer superior al hombre!
> Pero yo tranquilamente le dije:
> La mujer es superior al hombre en su capacidad de mujer y el hombre superior a la mujer en su capacidad de hombre.
> A mí no me gustan esos juegos de palabras.
> Pero te gustan los prejuicios en contra de la mujer.[14]

Sor Monserrat afirma que en ésta, su última novela, Laguerre rehuye las posiciones extremas en su enjuiciamiento y traspasa el ámbito de la diferenciación de sexos para asignar al hombre y a la mujer una misma categoría como seres humanos, dentro de las disimilitudes cualitativas. Señala que el escritor, al tratar el tema de la mujer, lo hace con delicadeza, respeto y encomio hacia las figuras femeninas.[15]

No es sólo en *Los amos benévolos*; ya desde sus primeras novelas, el autor ha dado el mismo tratamiento a la mujer en todos sus aspectos. No obstante, para resaltar aquel aspecto que el escritor quiere destacar con más fuerza, se ha valido de la ironía, la sátira y, a veces, de la caricaturización. Por ejemplo, el aspecto de la edad se adapta a uno de estos conceptos, y Laguerre se inclina hacia la caricaturización de los personajes que se oponen al paso del tiempo.

---

[14] Laguerre, *Los amos benévolos* 215.

[15] Monserrat 848.

María Luisa Taveras es un personaje frívolo que no goza de las simpatías del autor, quien la lleva hasta la caricaturización al señalar: "... Entonces él simuló cariño y prefirió ver en ello lo mejor que puede verse en una mujer que ha cumplido treinta y nueve años varias veces".[16]

De igual manera presenta a Carmen Ana, una actriz que lucha incansablemente contra el paso del tiempo: ... "Ya en esa edad indefinida de la mujer —los diez años que van de los treinta y ocho a los cuarenta, se aferraba heroicamente a los cosméticos, para embadurnar sus años y exigir papeles de dama joven".[17]

María Luisa y Carmen Ana se resisten a aceptar que hayan cumplido los cuarenta años. Por la forma de presentar a la mujer que llega a esa edad, deducimos que para el autor la llegada a los cuarenta años significa una etapa trágica en la vida de toda mujer. La mujer siente espanto de llegar a los cuarenta y sorpresivamente se vuelve diferente. Sus prioridades cambian y también sus necesidades, ambiciones y apariencia general, pero son cambios en sentido negativo porque la mujer en Laguerre llega a la madurez sin confianza en sí misma. En *La resaca* Lina a Andrés "lo trataba de usted sin saber por qué. Siempre fue así, de novios y de casados, a pesar de que ella, ya en el umbral de los cuarenta años, era algo mayor que él".[18] María Dolores, en *Cauce sin río*, le pregunta a Sandeau: "¿Por qué una tiene que desvivir en la juventud para consumirse de pasión y de nostalgia hogareña a los cuarenta años?"[19] Ruth, personaje de *El fuego y su aire,* le dice a Pedro José:

> ... No soy moza de cuarenta años para enamorarme locamente de ti. Ya ves, a mi edad, aún no padezco el terror de las mujeres que

---

[16] Laguerre, *El fuego y su aire* 221.

[17] Laguerre, *El fuego y su aire* 203.

[18] Laguerre, *La resaca* 17.

[19] Laguerre, *Cruce sin río* 52.

viven solas en sus departamentos y temen morirse el viernes, sin que nadie lo sepa hasta el lunes.[20]

En cuanto a los rasgos físicos, las mujeres altas gozan de la preferencia del autor. En *El fuego y su aire* señala que Elda Astol era sin duda atractiva: alta, bien proporcionada, aunque con delicadeza romántica.[21] Sobre Estela, en *Los amos benévolos* nos dice que era espigada, de pocas carnes y de agradable presencia.[22] Pilar, un personaje secundario de *Cauce sin río*, es alta y flaca y tiene una sonrisa boba en sus finos labios como si no creyera lo que ve.[23]

Por la descripción de los ojos, notamos que el autor prefiere a la mujer de ojos grandes. Así, en *La llamarada*,[24] Margarita Sandoval era una muchacha ágil como una ardilla, robusta sin ser gruesa, algo pálida, ojos enormes, bonita también.[25] En *Cauce sin río* el protagonista se sentía atraído por la seriedad precoz de María Eugenia, por los suaves rasgos de su rostro, su naricilla respingona y sus ojos grandes y negros con largas pestañas.[26]

Otro aspecto de la mujer destacado por Laguerre es la religiosidad, pero la religiosidad aparente. No podemos afirmar que la mujer sea o no religiosa, porque pocos personajes femeninos profesan una religiosidad consciente, y porque la práctica religiosa de la mayoría se reduce a la asistencia a la misa dominical, sin un verdadero sentimiento religioso interior. El autor ha tratado de mostrar cómo la industrialización, la urbanización y el

---

[20] Laguerre, *Los amos benévolos* 76.

[21] Laguerre, *El fuego y su aire* 86.

[22] Laguerre, *Los amos benévolos* 76.

[23] Laguerre, *Cauce sin río* 120.

[24] Laguerre, *La llamarada* 84.

[25] Laguerre, *El fuego y su aire* 235.

[26] Laguerre, *Cauce sin río* 89.

materialismo han dejado sentir su efecto en la religión. Por ende, la religiosidad es presentada como un activismo exhibicionista o utilitarista.

En *La resaca*, este modo de religiosidad está encarnado en una madre que hace votos de "vestir de saco" si su hijo enfermo sana:

> El hombre se empeñaba en cambiar el carácter de su mujer... La mujer por el contrario, parecía ser una de tantas mujeres que llevan la religión como un adorno más y sólo se acuerdan de Santa Bárbara cuando truena. Mucho rosario, mucho cristianismo de saliva y también mucha vanidad. Tal vez volvería a sus fiestas y a sus fantasmas de mejorar el hijo enfermo. ¡Si hasta daba la impresión que iba a una fiesta a lucir su traje de henequén.[27]

En varias de sus novelas, la iglesia se convierte en un "club" más, en donde "las mujeres de los pueblos aprovechan la misa del domingo para lucir sus mejores trapos".[28] Delia La Valle, personaje de *El 30 de febrero*, los domingos vestía sus mejores prendas para salir con Esther y Margarita. Iban al último servicio de la mañana, cuando sucedía el desfile de elegantes damas, lujosamente vestidas. Como la niña tenía bonita voz, más de una vez tomó parte en el coro para luego ver su nombre en la crónica social de la semana.[29]

La religión se convierte también en reflejo de la frivolidad:

> ... Mi antigua novia era muy católica; guardaba su fe como una reliquia de los 'buenos tiempos', cuando sus padres eran ricos. No podía, por orgullo, renunciar a su fe, y para ella era un goce extraordinario salir taconeando de su casuca con la mantilla en la mano hacia la casa de Dios. Aquí es donde más lejos se está de la verdadera humildad cristiana y donde se pone más de relieve las pequeñas cosas.[30]

Y, puede ser ayuda para conseguir "status" social:

---

[27] Laguerre, *La resaca* 325.

[28] Laguerre, *Los dedos de la mano* 50.

[29] Laguerre, *El 30 de febrero* 208.

[30] Laguerre, *La llamarada* 141.

—Mamá, quería preguntarte... ¿Es verdad que las muchachas se metieron a católicas?
—Sí.
—¡Pero hemos sido protestantes toda la vida!
—Las muchachas tienen que ir al sitio de sus amistades, ¿entiendes?
—¿Y qué tiene que ver la iglesia con las amistades?
—Bueno, la sociedad...[31]

En las novelas de Laguerre, la religión, por sí misma, no es presentada como aquello que da sentido a la vida humana. Mas bien hay una identificación de la iglesia católica con la clase superior de la isla, lo cual no excluye que estas mismas mujeres "religiosas" se vuelquen hacia la superstición o el espiritismo.

A nadie se le escapa la importancia que las supersticiones tienen todavía en Puerto Rico y no es raro que personas de gran cultura se sientan atraídas por el espiritismo; realidad que el autor recoge para presentar personajes femeninos en busca de la catarsis a través de creencias condenadas como espiritualmente peligrosas por la Iglesia.

Doña Isabel Cortines, una dama de la aristocracia venida a menos y que una vez pretendió ser monja, desde que asistía a las secciones espiritistas "parecía querer explicar el acontecer de este mundo con razones de otro mundo".[32] Doña Monse, señora de la burguesía criolla, "contaba una misteriosa historia que le habían revelado en una sección espiritista".[33] María Luisa Taveras, esposa del senador y condueña del "imperio de las galletas", es la figura más patética en busca de una conciencia comunitaria a través de caminos extraviados:

Sale de nuevo, esta vez sin chofer, sin saber dónde. Va a medio camino —¿de dónde?— se le ocurrió entrar a una iglesia. Allí se quitó los pecados de encima para poder acumular nuevos pecados.

---

[31] Laguerre, *El 30 de febrero* 86.

[32] Laguerre, *El laberinto* 86.

[33] Laguerre, *Cauce sin río* 73.

Luego se metió en el centro espiritista del arrabal cercano. Se sintió halagada por lo que le dijeron de otras existencias.[34]

Elda Astol, personaje de cultura evidentemente superior, "que frecuentaba las sesiones espiritistas desde su fracaso matrimonial, casi había acabado por admitir la historia de una vida suya del siglo XVI cuando se llamaba Elisa Sisler, y Adalberto, Francois Lenier".[35] Rosa Treviño, su compañera, le había asegurado que "los 'aciertos' de doña Lela eran famosos, aunque la mujer no vacilaba en admitir, con actitud ingenuamente socrática, yo sé que no sé nada".[36]

Lavidia es espiritista que sabe descubrir nexos espirituales; sus observaciones son verdaderos aciertos. Y, aún después de muerta, puede seguir comunicándose con los demás. Su esposo la recuerda libre de las comunes supersticiones de la religión:

> ... Con razón ganaste reputación de mujer sabia, que veías figuras en el espejo de cuerpo entero, detrás de ti, que reconstruían para ti escenas pasadas y a veces te enteraban de sucesos por venir. Aliviabas mis dolores con sólo colocar una mano en mi frente y acariciarme durante algunos momentos; conseguiste comunicarte conmigo, en trances de peligro, a pesar de las distancias que nos separaban...[37]

Luis O. Zayas Micheli (pág. 105) comenta que, aunque estas novelas compendian una rica variedad de creencias religiosas, siempre es la fe católica la dominante. "Catolicismo jíbaro que emana calado de supersticiones". Por tanto, no es sorpresa que esos personajes femeninos que acuden al espiritismo en busca de respuestas a la vida, sean los mismos que una vez eligieron adorar la divinidad en Dios mismo abrazando los hábitos de monja. Claro está, que no se percibe una verdadera vocación. Más bien

---

[34] Laguerre, *El fuego y su aire* 170.

[35] Laguerre, *El fuego y su aire* 149.

[36] Laguerre, *El fuego y su aire* 228.

[37] Laguerre, *Los amos benévolos* 41.

se percibe el deseo de la madre en ver a su hija convertida en monja, o la mujer que "aspira al convento cuando tiene frustraciones". Estela dice:

> Soy algo mayor que él; me casé tardíamente porque de adolescente aspiré a monja. Decidí continuar estudios universitarios y, mi padre, que es banquero, me llevó a trabajar con él. Bien, ya sabe usted, todo terminó en matrimonio a pesar del intento de oposición de mi madre a quien le habría agradado verme de monja...[38]

Al sentir su matrimonio fracasado, Carmen Eugenia piensa "que habría sido mejor haberse hecho monja como deseaba la madre".[39] Doña Isabel Cortines, "quien se fugó del convento para casarse con un hombre detestable", "que reza todas las noches y no falta a misa", "sueña con una celda religiosa para su hija".[40]

Elda Astol, quien pasaba por los traumas de la ruptura de su matrimonio de tres días, "aunque de monja no tenga una uña", quería por propia voluntad internarse en un convento. Hortensia, por similares motivos, decide entrar al convento aunque sus padres no estuvieran de acuerdo. María Luisa Taveras a todas sus amistades contaba "que una vez estuvo a punto de meterse a monja, pero que la indigna pobreza (para gente de tanta calidad) que sobrellevaban sus padres la obligaron [sic] al matrimonio".[41]

A través de toda la obra de Laguerre no hay ninguna mujer que en realidad exhiba los hábitos de alguna orden religiosa. Los personajes femeninos, al igual que Sor Juana Inés de la Cruz en el siglo XVII, pretenden entrar al noviciado para encontrar su libertad; o para escapar de una sociedad que las asfixia. Por ejemplo, Hortensia, que a través del convento escapa del ambiente de revolución y miseria que sufre la familia en la República Santiaguina.

---

[38] Laguerre, *Los amos benévolos* 62.

[39] Laguerre, *Cauce sin río* 89 y 127.

[40] Laguerre, *El laberinto* 8.

[41] Laguerre, *El fuego y su aire* 229.

Pero la mujer puertorriqueña puede encontrar otras sali-
das sin tener que hacerse monja cuando carece de auténtica espiritualidad religiosa. Es más, se ha usado la
expresión "meterse a monja" como un modo de compara-
ción con la pérdida de la libertad personal: es mejor ser
monja que estar infelizmente casada; o es mejor ser monja
que estar bajo la autoridad de una madre dominante...

La idea del noviciado va unida a la falta de libertad de
movimiento o de pensamiento que sufren los personajes
femeninos de Laguerre. Y como es natural, debido a la
tradición de siglos, el convento es el recurso aparente-
mente más fácil para que la mujer pueda escapar de los
atavismos sociales.

Capítulo VI
Laguerre y su concepto de la mujer como integrante de la familia

Según el *Diccionario de la lengua española de la Real Academia*,[1] la familia es un grupo de personas emparentadas entre sí, que viven juntas bajo la autoridad de uno de ellos. Corrientemente es el grupo compuesto de marido, mujer e hijos. En Puerto Rico se da el caso de familias extendidas donde, aparte del marido, la mujer y los hijos, otros miembros también forman parte de dicho grupo.

Estar juntos y actuar unidos por los lazos afectivos proporciona la protección y el alimento de los miembros del grupo familiar a la vez que constituye lo esencialmente humano del hombre. Esa "humanización" de la seguridad y la sensación de pertenencia que crea en cada uno de sus miembros la fuerza sicológica y moral necesaria para el desempeño de las responsabilidades y deberes para con la sociedad.

Por tanto entre las funciones de la familia se han enumerado y clasificado las siguientes: reproducción, crianza y sociabilización de los niños, educación, economía, afecto, status familiar, intimidad, seguridad y expresión emocional;[2] funciones que, para que toda sociedad exista, deben darse sobre una base de cooperación.

---

[1] *Diccionario de la lengua española de la Real Academia*, 19ma. edición 607.

[2] José A. Cáceres, *Sociología y educación* (San Juan, Puerto Rico: Universitaria, 1970) 164.

La familia es el ámbito ideal para practicar la cooperación; y, aunque en la sociedad no se les haya dado el
debido reconocimiento, son las mujeres de la familia
quienes constantemente intentan encontrar algún tipo de
sistema cooperativo que atienda a las necesidades de cada
persona. No obstante, "servir a otros es un principio
básico alrededor del cual se organiza la vida de la mujer".[3]

La madre

El servicio a los demás es, a su vez, una forma de amor
incondicional. Del mismo modo que el amor incondicional
es una cualidad básica que puede ser incluida en la
definición de madre. Según Erich Fromm, precisamente
por su carácter altruista y generoso es que el amor
materno ha sido considerado la forma más elevada de
amor, y el más sagrado de todos los vínculos emocio-
nales.[4] Y Simone de Beauvoir señala que en la maternidad la mujer realiza íntegramente su destino no fisio-
lógico; que esa es su vocación "natural", puesto que todo
su organismo se halla orientado hacia la perpetuación de
la especie.[5]
Para Enrique A. Laguerre, la maternidad es el elemento
fundamental de la femineidad. "Ser madre es cargar un
ser en el vientre, doler la carne, sufrir dolores, sacri-
ficarse";[6] sin embargo, la verdadera realización del amor
materno no es sólo darle la vida al hijo, sino ayudarle a
convertirse en un hombre o en una mujer útil a la sociedad.
Por tal motivo, una de las constantes del escritor es el
anhelo en sus personajes de procrear hijos sanos. Los

---

[3] Jean Baker Miller, *Hacia una nueva sicología de la mujer*, traducción
de Horacio González Trejo (Barcelona, España: Argos Vergara, 1978) 92.

[4] Erich Fromm, *El arte de amar*, traducción de Noemí Rosenblatt
(Barcelona, España: Paidós, 1980) 64.

[5] Beauvoir, *El segundo sexo* 259.

[6] Laguerre, *La resaca* 135.

hijos nacen sanos si sus madres están física y mentalmente sanas. En *La llamarada,* respecto al personaje de
Pepiña, hace expresarse así al protagonista:

> ... Sería buena madre para unos hijos hermosos. Muchas veces
> he pensado en mis hijos futuros; me preocupa la suerte de los que
> serán 'carne de mi carne y hueso de mis huesos'. ¡Yo no quisiera
> tener unos hijos tristes y enfermos! El sólo pensarlos así me llena
> de pavor; ¡es una tortura oir el llanto de un niño triste! Preferiría no
> tenerlos nunca antes de echarlos a sufrir al mundo. ¡Yo no quisiera
> contribuir con mi sangre a una humanidad caída.[7]

En *El 30 de febrero* el personaje portavoz del autor
señala: "Un hijo deber ser el resultado de la pasión
contenida y honesta, y hombre y mujer han de tener el
pensamiento y el corazón llenos de amor..."[8] Erich Fromm
(pág. 67), al respecto, afirma que una mujer sólo puede ser
una madre verdaderamente amante si puede amar a su
esposo, a otros niños, a los extraños y a todos los seres
humanos, porque la mujer que no es capaz de amar en ese
sentido, puede ser una madre afectuosa mientras su hijo
es pequeño, pero no será una madre amante cuando el hijo
sea mayor.

Este "amor incondicional" hace de la madre el arquetipo femenino más importante. Carl Jung asevera:

> Ante todo quisiera llamar la atención sobre la especial circuns-
> tancia de que la imagen de la madre se encuentra en distinto plano
> cuando el que la expresa es un hombre y no una mujer. Para la
> mujer la madre es el tipo de su vida consciente, de la propia vida de
> su sexo. Para el hombre en cambio, la madre es el tipo de algo que
> se le enfrenta y que todavía debe ser vivenciado y que está colmado
> por el mundo de las imágenes de lo inconsciente latente. Ya en esto
> el complejo materno del hombre es fundamentalmente distinto del
> de la mujer. Y de acuerdo con tal peculiaridad, la madre es para el
> hombre —podríamos decir de antemano— algo de manifiesto
> carácter simbólico; de ahí proviene la tendencia masculina a
> idealizar a la madre...[9]

---

[7] Laguerre, *La llamarada* 160.

[8] Laguerre, *El 30 de febrero* 57.

[9] Carl Jung, *Arquetipo inconsciente colectivo* Barcelona, España:
Paidós, 1977) 98.

Al llevar estas ideas a las novelas estudiadas, encontramos que para varios de sus personajes masculinos la presencia de la madre es obsesionante. Osvaldito, en *Los amos benévolos*, dice: "... En este ambiente de vida amarilla y oscura no tengo más compañía que mi madre. ¡Todos se van y me dejan, menos ella, que está conmigo".[10]

Pedro José en *El fuego y su aire*, niño aún y desconociendo su propia identidad en el hospicio, cuando leía o escribía, "colocaba una silla junto a sí para que lo acompañase su madre. —No te separes de mí, madre. Percibo tu aliento, ¿eres tú, madre?"[11] El protagonista de *Cauce sin río*, siendo ya una persona adulta dice: "Entre las enfermeras que me atendían destacose una, bastante mayor, que cuidó de mí casi maternalmente. Sólo la presencia de mi madre me ponía a reposar...[12]

Todos los actos de justicia de Dolorito estaban dirigidos por el recuerdo de Lina. Por ella aprendió a amar y a respetar a la mujer como algo muy sagrado. Para probar que por Lina él coloca a la mujer en un plano superior, Sandalio Cortijo le dice: "Tú ves a la mujer en carne de fantasía porque Rosario es tu novia todavía. Eres casto. La castidad es responsable de unas cuantas mentiras..."[13] Esta idea de castidad de la mujer, que ha alcanzado su expresión más exaltada en el culto a la virgen, según Karen Horney, es una característica que delata una relación irresuelta de dependencia hacia la madre. Esta idea posiblemente ofrezca algunos aspectos hermosos en la vida cotidiana; sin embargo, en casos extremos puede conducir a la convicción de que la mujer decente y respetable es asexual y que se la humillaría deseándola sexualmente.[14]

---

[10] Laguerre, *Los amos benévolos* 81.

[11] Laguerre, *El fuego y su aire* 12.

[12] Laguerre, *Cauce sin río* 89.

[13] Laguerre, *La resaca* 227.

[14] Karen Horney,, *Psicología femenina*, traducción de María Luisa Balseiro (Madrid: Alianza, 1980) 45.

Como se ha visto, para Jung la imagen de la madre en el hombre es simbólica, mientras que para la mujer la imagen de la madre cobra una naturaleza más real. Por tanto, es natural que haya cierto grado de competición entre la madre y la hija en vías de maduración. En las novelas de Laguerre, la relación madre e hija es de rebelión violenta cuando la madre pierde su prestigio y se presenta como la que espera, sufre, se queja, llora y hace escenas cuando no puede dominar la voluntad de su hija.

En *El laberinto*, la hostilidad por la madre descentraba a Rosana, quien, a escondidas, hacía como desafío todo lo contrario de lo que la madre aconsejaba. También en *El fuego y su aire,* Elda Astol "habíase acostumbrado a proveedora de una madre paralítica, de genio levantisco y costumbres tradicionalistas y aristocráticas, mandando impiadosamente desde su cama o sillón de ruedas. Era Elda tan pura, tan respetuosa de la moral, de la dictadura materna, que tal vez había pensado no casarse por no estar casada con un hombre casado".[15]

Otra madre que trata de obstaculizar el desarrollo femenino de la hija es doña Emma, madre de Lucrecia Madrigal. La rivalidad entre ambas comenzó a manifestarse desde la infancia de la niña; tal vez por la admiración que la hija sintió siempre por su padre muerto y porque nunca le aceptó a la madre sus manifestaciones negativas en contra de aquel recuerdo. Una vez que Lucrecia se marcha del hogar, los lazos que la unen a la familia se hacen cada vez más débiles.

El resultado de la intimidación de estas madres hacia sus hijas es el rechazo total a todo lo que la madre representa. Son madres incapaces de transmitir comprensión y seguridad, y tienden siempre un cerco de limitaciones alrededor de sus hijas. Sin embargo, aunque María Luisa Taveras, la gran ausente de la vida familiar, no había sabido "ser madre", su hija Lori no se rebela

---

[15] Laguerre, *El fuego y su aire* 150.

como las demás. Después de todo, siempre advirtió Lori que había escondidas angustias en las frivolidades de la mujer. Era como una de esas lámparas que medio alumbran cual si siempre les faltase el aceite preciso o siempre tuviesen la mecha incompleta.[16] Esta mujer frívola, adquiere la conciencia vital de su condición de madre cuando ya su hija ha muerto.

La madre soltera

La experiencia de la maternidad fuera del matrimonio es un tema que Laguerre trata con suma delicadeza. Deja a un lado el aspecto religioso y moralizante para proceder a demostrar cómo una madre sola puede dar a un hijo ambiente familiar y autoridad, aun ante lo difícil que es para ella enfrentarse a la sociedad con un hijo sin padre oficial; sola, ante una sociedad que sigue manteniendo una injusta discriminación en contra de la madre, mientras la dignidad personal y el prestigio social del padre quedan intactos.

El autor nos presenta todas las etapas de esta maternidad: el drama de la mujer soltera embarazada se inicia ante la certeza del embarazo. La primera y principal dificultad está en el rechazo y la acusación que sufre de parte de sus familiares. Por ejemplo, en *La resaca* "cuando se descubrió la deshonra de Rosario, a Gil Borges lo habían trasladado ya para San Juan. A pesar de los ruegos de la madre, Cristino echó a su hija de la casa".[17] Eusebia, en *El 30 de febrero,* "perdió su nombre para los suyos. La llamaban 'ésa', y aun con el transcurso del tiempo no amainó la hostilidad de los familiares".[18] Malén (Dolores Soler), "a quien el hijo del hacendado

---

[16] Laguerre, *El fuego y su aire* 156.

[17] Laguerre, *La resaca* 153.

[18] Laguerre, *El 30 de febrero* 185.

deshonró, rodó por la isla, sirvió en los menesteres más tristes, se hizo costurera... y quiso dar a su hijo lo que ella no había tenido..."[19]

Ante la poco consoladora reacción de la familia de las madres solteras en las novelas de Laguerre estos personajes femeninos cobran una fuerza extraordinaria. Comparten una serie de características comunes en todos los casos: son mujeres fieles al recuerdo del hombre que las abandonó; no aprovechan la oportunidad cuando pueden devolverles el daño; son mujeres en constante lucha por el bienestar del hijo que han traído al mundo y no les preocupa que sus hijos no tengan un padre reconocido por ley. Después de todo, la moral, la ley y el orden protegen siempre al hombre que se evade de su responsabilidad; máxime cuando decide ignorar las consecuencias de sus actos y se sumerge impunemente en su inmunidad de hombre respetable.

En *El 30 de febrero* encontramos el mejor ejemplo en la figura del padre del protagonista:

> ... Don Angel Santos, ilustre hombre público, a cuyo generoso desprendimiento se debe el éxito de la fiesta celebrada a beneficio de los niños del refugio... celoso guardián de la moral colectiva indiscutible garantía en el puesto que ocupa... Raras veces se hallaba un hombre de la prominencia de don Angel que se interesase tan genuinamente en el bienestar de los desheredados. Merecidos se tenía él los elogios de la prensa tan inclinada a levantar pedestales a ídolos con pies de barro.[20]

Don Angel Santos sólo da limosnas a su propio hijo. Mientras Eusebia, la mujer a quien abandonó, "trabajaba día y noche; a veces oíase el ruido de la máquina hasta el momento en que empezaban a cantar los gallos de medianoche. Para Eusebia era cuestión de orgullo educar a su hijo: ése era el propósito matriz de todos sus actos".[21]

---

[19] Laguerre, *Los dedos de la mano* 161.

[20] Laguerre, *El 30 de febrero* 35.

[21] Laguerre, *El 30 de febrero* 58.

Dolores Soler, por su parte, jamás pronunció el nombre de Pasamonte con ánimo de hacerle daño. La mujer observó siempre una actitud extraña frente a la posibilidad de enjuiciar al cacique. Hasta sus propias ideas socialistas parecían estrellarse si de combatir directamente a Pasamonte se trataba...[22]

El triunfo de Dolores sobre la miseria y el abandono llega al máximo cuando su hijo Juan reconoce en ella el valor de ser mujer y de ser madre. Y, una vez Pasamonte decide reconocerlo como hijo, Juan rechazó los ofrecimientos de su padre y le recuerda que como padre no puede guardarle rencor porque en realidad: "El tenía padre y madre en su madre".[23] Reconoce que su madre podía bastarse a sí misma y que se había hecho innecesaria la presencia del padre para que él pudiera adquirir los principios que adquirió de Dolores, su madre.

Merche se mantiene erguida y vigorosa y no hay el más leve indicio de adulación en su actitud. Antes bien, un sereno orgullo de mujer que ha pertenecido a un solo hombre y que ha vivido para criar a su hijo.[24] La influencia de la madre perdura sobre su hijo ya adulto. Por ella se hace hombre trabajador y responsable y en honor a ella renuncia al apellido que legalmente le corresponde. No quiso cambiar el apellido con el cual se hizo hombre porque en realidad él en Merche tuvo padre y madre a la vez.

Cuando el padre de Rosario la expulsó de la casa, también se dedicó al oficio de costurera, hasta que un joven viudo que buscaba una madre para su hija de ocho años, le propuso matrimonio y ella aceptó. Al pretender que su esposo quisiera a su hijo como a un hijo propio, Rosario con sus celos de madre desata la crisis familiar. Crisis que se va agudizando porque esta mujer perdió las

---

[22] Laguerre, *Los dedos de la mano* 156.

[23] Laguerre, *Los dedos de la mano* 190.

[24] Laguerre, *Cauce sin río* 120.

pocas simpatías que en un principio tuvo. Su carácter agrio y egoísta se fue reflejando en su hijo, quien, por su manera de ser huraña y al mismo tiempo quisquillosa y susceptible, se creó la malquerencia de los vecinos. Conforme pasaron los años se fue acrecentando el egoísmo de doña Rosario y todo ello se agravó cuando Lope se enamoró de su hermanastra.[25]

Rosario se aparta de las características comunes que el autor imparte al personaje de la madre soltera. No pudo fomentar el amor en Lope su hijo; ni se enfrentó a la sociedad para demostrar que una madre sola puede darle a un hijo una posición digna, y prepararlo a desenvolver con capacidad, equilibrio y rectitud, sus propios deberes de padre y ciudadano. Al contrario, este tipo de madre contribuye a la formación de una humanidad neurótica y problemática.

Por otro lado, la madre soltera en Laguerre no lleva la etiqueta de marginada que le cuelga la sociedad. Muy bien se puede equiparar a la madre viuda o divorciada que a solas tiene que criar al hijo. Por ejemplo, doña Suncha que "tuvo un marido tarambana de quien se vio obligada a divorciarse, quedándole un hijo, al que ella educó debidamente hasta verlo casado con toda felicidad".[26] Alberto Linares nunca conoció a su padre. Fermina, su madre, ama de llaves de la familia Astol, luchó con ahínco hasta verlo convertido en un reconocido profesor universitario.

Doña Suncha, Fermina, Merche y Dolores han demostrado que con un afecto sin debilidades, la madre puede sustituir la falta del padre y constituir un verdadero hogar; han demostrado que el respeto y la admiración que la madre ha merecido, es superior al malestar de no tener como los demás una familia constituida de modo regular.

---

[25] Laguerre, *La resaca* 340.

[26] Laguerre, *El 30 de febrero* 129.

La mujer casada

La aguda crítica social en las novelas de Enrique A. Laguerre ha calado hasta los cimientos mismos de la institución civil del matrimonio. En su obra, el matrimonio se convierte en una relación meramente legal y dista mucho de ser la relación más personal, más profunda y más potencialmente hermosa que pueda existir entre dos seres humanos. Irónicamente, el matrimonio se convierte en un contrato civil unilateral, a través del cual la mujer busca la seguridad de ser amada y necesitada y al no conseguir esa seguridad se contenta con una vida vacía y sin horizontes. Es, por tanto, evidente que la posición de la mujer en la sociedad queda modificada radicalmente por el matrimonio.

Aparte de presentar su apreciación del matrimonio en la sociedad puertorriqueña, también el autor ofrece su ideal de lo que debe ser un matrimonio: una relación hermosa entre dos personas y una institución que vele tanto por el bienestar propio como por el de sus congéneres; una relación entre dos personas con oportunidades "para florecer".

El matrimonio ideal está encarnado en las figuras de don Alonso y doña Ana en *Solar Montoya*. Ella es el alma del hogar, el consuelo de su marido, a la vez que es el hada buena de sus vecinos. Este ideal del matrimonio trasciende a *El fuego y su aire* en los proyectos de Elda y Adalberto para contraer matrimonio:

> Adalberto había aprendido a estimar hondamente la intangible lealtad de Elda. Ya hacían planes para casarse y realizar conjunta labor social, animar el espíritu creador en los arrabales. Soñaba ella con una escuela de pintura al aire libre: él, con la tarea de reeducar a la gente en el aprecio consciente de las tradiciones.[27]

El ideal de matrimonio vuelve a manifestarse en *Los amos benévolos* con el matrimonio de Lavidia y Andrés

---

[27] Laguerre, *El fuego y su aire* 282.

Salanueva. Lavidia siente total indiferencia hacia el dinero y se entrega a sus semejantes sin pedir nada a cambio. Es admirable "su absoluta dedicación a un pobre hombre como Salanueva, su lucha contra la vanidad y el orgullo, su amor sin límites por toda forma vital".[28] Veintitrés años después de muerta Lavidia, Andrés la sigue sintiendo en el aire, en las plantas, en el compromiso con sus semejantes...

Estos ejemplos aislados contrastan con el grueso de los matrimonios con conflicto, cuyas frustraciones por motivos varios se hacen más profundas a medida que pasa el tiempo. El motivo más importante que el autor presenta como engendro de las frustraciones en el matrimonio son las actitudes machistas. Estas actitudes las presenta desde la época en que se desarrolla *La resaca,* último tercio del siglo XIX, y las continúa sin interrupción hasta su última novela en 1976. Bajo esta concepción del matrimonio, el hombre toma esposa para mantener y perpetuar la esclavitud; para confinar a la mujer en su propio hogar y hacerla víctima de sus propios intereses, demostrando así el fracaso de la institución matrimonial.

Si además de esposa, la mujer es madre, su personalidad queda escindida entre dos deberes: el de madre y el de esposa. Así escindida, un área de su personalidad puede quedar completamente eclipsada; o lo que es peor, jamás podrá lograr un balance preciso de los dos polos en conflicto. Como madre podrá lograr o no el respeto y la admiración de sus hijos. Como esposa queda fundida con su pareja, sin identidad; se convierte en la mitad menos importante de un todo.

La primera víctima que nos sale al paso es Lina. A causa de las actitudes de su marido, Lina pierde sus facultades mentales, pero en todo momento fue una madre excepcional. Ya no tenía otro mundo que la vieja casa de los Solares, donde se acostumbró a pasar hambres y

---

[28] Laguerre, *Los amos benévolos* 37.

zozobras. Trabajaba en las tareas domésticas callada-
mente, casi como una autómata, y poca gente de fuera se
dio cuenta de sus trastornos mentales. La vida en el hogar
se hizo a su silencioso sufrir; sólo Andrés, ausente en
cuerpo y alma, desentonaba alguna vez.[29]

Lina es la mujer que se acostumbra a la gresca familiar;
sin embargo, permanece callada en todo momento, tal vez
porque debido a que su marido proviene de una familia
venida a menos, da por descontado que éste es superior a
ella. Hasta en la intimidad lo trataba ella de usted. El,
hombre holgazán, en cambio nunca tuvo una idea clara de
sus obligaciones de marido y padre e irresponsablemente
dejó en manos de su esposa la carga del hogar y la familia.

Lucía es otro personaje de *La resaca* a quien tampoco el
matrimonio proporciona verdadera seguridad. Si de niña
vivió triste e insegura bajo la tutela de sus padres, una vez
casada se convierte en la víctima de su marido:

> —¡Eres mi mujer! ¿No lo sabes después de siete años de vivir
> juntos?
>
> Vivir juntos, dijo lesionando el sagrario del matrimonio. Lucía,
> ofendida, abrió la boca para responder, pero él se la cerró con un
> golpe, a mano abierta. Sentóse la mujer en el borde de la cama y
> prorrumpió en sollozos ahogados. Tranquilamente, como si nada
> hubiera pasado, él comenzó a desvestirse. Ella no quiso mirarle: se
> volvió de espaldas. Estremecióse al sentir las rudas manos
> varoniles acariciándole la carne. Intentó resistir, pero él pudo más
> que ella.[30]

Balbino Pasamonte es uno de esos hombres vulgares y
corrientes que en el mundo no pueden proteger a ninguna
mujer. Y, dado que la relación entre dos personas es el
resultado de lo que son, la relación entre Lucía y Balbino
sólo puede producir una situación espiritual y emocionalmente árida. El esposo sofoca la voluntad de la mujer,
mientras ésta lleva una vida llena de conflictos y vacila-
ciones al encontrarse limitada, no sólo por lo que es su
matrimonio, sino también por el peso de las tradiciones:

---

[29] Laguerre, *La resaca* 23.

[30] Laguerre, *La resaca* 159.

... Terminó por avezarse a no esperar nada de los padres
ausentes; después de todo don Nicolás era la tradición hecha
carne, una tradición horrorosa que siempre se manifestaba en
contra de las mujeres.[31]

Otro matrimonio que comparte las mismas características de los anteriores es el matrimonio de Paulina y Luis Jaramillo en *El laberinto*. El es el prototipo del hombre machista; mientras ella, por la fusión que tiene con su marido, es una criatura indiferenciada y todos sus actos son controlados por el esposo.

El personaje de Paulina, como personificación de la fidelidad conyugal, nos recuerda a la Penélope de Ulises: "Quedábase en la galería de atrás tejiendo siempre, dedicando objetos de silencioso homenaje a su marido, o se encerraba en su aposento a rezar o a leer".[32] No obstante tanta abnegación, él la castigaba con la incomunicación, la ignorancia en la intimidad, aunque frente a las personas ajenas a la familia él quería aparentar que era un marido ejemplar.

Paulina es la mujer que en todo momento evita autodefinirse; no puede expandir su mundo porque su horizonte termina en la figura de su marido. Lo que trae como resultado la pérdida de sus facultades mentales al verse abandonada por éste.

Estela, personaje de *Los amos benévolos,* es otra esposa que se entrega al triste juego de la autonegación. Incapaz de tomar decisiones, se coloca en el segundo lugar y acepta resignadamente todas las censuras de parte de su marido: "Impacientábase éste si la mujer no estaba lista cuando él quería. ¡Date prisa! Lamento que no puedas quitarte diez años en diez minutos. Era así como le hablaba en estas ocasiones..."[33] Ella, en cambio, hace todo lo posible para evitar las disputas, las desaprobaciones y las miradas

---

[31] Laguerre, *La resaca* 58.

[32] Laguerre, *El laberinto* 194.

[33] Laguerre, *Los amos benévolos* 84.

iracundas. Termina convirtiéndose en una mujer insegura, titubeante, excesivamente vulnerable, mientras "el adulto endrogado de machismo"[34] no vacilaba en derrochar sus bienes, mientras la incomunicación en el hogar era casi absoluta.

Estela volcó toda su atención sobre sus dos hijos; y aunque no les inculcó sentimientos negativos en contra del padre, éstos llegaron a repudiar la figura de su progenitor. Cuando los niños alcanzaron la adolescencia, Valencia los apartó del lado de la madre para internarlos en un colegio en Estados Unidos. La madre, mansamente trastornada, resolvió desafiar las imposiciones de Miguel alterando el orden de las cosas en el hogar, trasladando ollas, cacerolas y comida a los aposentos, y toallas, pasta de dientes y ropa íntima a la cocina, y hasta trató, sin poder, de arrastrar la nevera al baño; ya no pudo Miguel con la situación. La alteración del 'orden' hogareño tenía que perturbar a un hombre amigo de sistemas convencionales como Miguel.[35] Como quien deja un objeto olvidado en cualquier lugar, Valencia interna a Estela en un hospital, donde muere mientras su esposo hacía campaña política.

María del Carmen Monserrat señala que en *Los amos benévolos* Laguerre se pronuncia a favor de la mujer y subraya los nefastos resultados de la actitud 'machista' en la familia del prócer Valencia y en Maritoña.[36] Valencia está caracterizado como el hombre que se vale del matrimonio con una mujer poco mayor que él, hija de un banquero, sólo para subir de categoría social. Aprovechando la posición débil y vulnerable de su esposa, logra su propósito gracias a que su suegra lo introduce en el gran mundo de los negocios financieros. Es de esperarse que Miguel no sepa ni pueda asumir las obligaciones de

---

[34] Laguerre, *Los amos benévolos* 82.

[35] Laguerre, *Los amos benévolos* 85.

[36] Monserrat, "La personalidad del puertorriqueño...", pág. 945.

padre y esposo. Estela, en cambio, aún enamorada decide permanecer en una posición de extrema subordinación e impotencia hasta morir privada de sus facultades mentales.

Maritoña es otra víctima de Valencia. En este personaje está caracterizada la jovencita pobre que gana un concurso de belleza y se convierte en modelo y actriz. El triunfo la lleva a casarse con un holgazán que quiso vivir a su costa, pero este matrimonio sólo le trae el fracaso en todos los aspectos de su vida. Abandonada y con un hijo, para poder sobrevivir en Nueva York tiene que trabajar en una fábrica.

Como madre y esposa, Maritoña es tal vez el personaje femenino más patético de Laguerre. Abandonada y maltratada como esposa, no pudo refugiarse en el amor y el respeto de su hijo, quien se crió entre pandillas practicando la violencia en el Bronx.

Maritoña se ocupa con empeño para mantener su hogar, pero el propio hijo la culpa de trabajar sin descanso para atender sus necesidades. Reconoce, sin embargo, que hay una barrera infranqueable que su madre no puede traspasar por temor a reacciones suyas. Este, para que sus amigos no comenten que él es un "güelenaguas", no le permite a la madre ningún acercamiento, casi obligándola a refugiarse en la comida y en el recuerdo de cuando era esbelta y bella. Dice el hijo:

> Mi madre me contempla desde el muro que me rodea, quizá entreabre la puerta para entrar y no se atreve dar paso. A veces la ayudo, haciendo de mozo, y ella se pone alegre y me dice Lenny, eres el mejor hijo del mundo, cuando yo sé que no es verdad y cada vez se pone más gorda y sé que come cuando está preocupada.[37]

A pesar de todo, María Antonia reconoce que su obligación principal es para con su hijo. Interesada en sacarlo de "malas compañías", regresa a Puerto Rico como ama de llaves del Licenciado Valencia. Cumple sus funciones a

---

[37] Laguerre, *Los amos benévolos* 186.

cabalidad, pero no logra ver la regeneración de su hijo, quien asesina al licenciado, después de observar a éste mientras le daba muerte a su madre. Al contemplar a su madre muerta, Lenny cobra conciencia de su terrible orfandad y repasa mentalmente "los sufrimientos estrangulados de María Antonia, de las correrías suyas por los arrabales, de sangrientas confrontaciones con las pandillas. *But They [sic] are the blame, you bet!"*[38] (Subrayado nuestro).

Lenny se ha tornado delincuente debido a la pobreza, la privación y la falta de una familia constituida. Sin embargo, en *El fuego y su aire*, Larry, hijo de una familia de la clase dominante que materialmente lo ha tenido todo, se torna delincuente porque sus padres no le brindaron la verdadera felicidad. La incomunicación de la familia " vomitaba" a los hijos a la calle.

La madre de Larry —María Luisa— es la mujer que no se decide a envejecer, pero que ha perdido el sentido de la realidad y sin un eje vital se aleja del hogar para buscar aventuras. No se resigna a vivir junto a un hombre falto de autoridad, que se consume la vida ganando dinero. En este matrimonio, "más que la patética vanidad de doña María Luisa llamaba la atención la flojera moral de don Lorenzo, su insignificancia a pesar de la riqueza que las empresas comerciales le habían traído".[39] Por tanto, su actitud es todo lo contrario a las actitudes "machistas"; no obstante es una actitud que no deja de producir conflictos.

El conflicto de María Luisa Taveras es el producto de la insatisfacción sexual con un esposo indiferente; pero además, es la mujer que se encuentra afectada por el miedo a envejecer y en lugar de dar amor y atención a los hijos, "se dedica a mimar a un pequinés, a vivir en los clubs, a patrocinar causas frívolas y a soñar con amantes imposibles".[40]

---

[38] Laguerre, *Los amos benévolos* 268.

[39] Laguerre, *El fuego y su aire* 160.

[40] Laguerre, *El fuego y su aire* 141.

En la obra de Laguerre, las mujeres más preocupadas por el envejecimiento proceden de la clase media superior con esposos que han triunfado en los negocios, —"los prohombres cívicos"—. El autor aprovecha la vanidad y la frivolidad de estas mujeres para encarnar en ellas los vicios de la clase alta; el ansia desmedida de adquirir "cosas", el despego al hogar y a los hijos. Son mujeres incapaces de hacer concesiones, pero se aferran al matrimonio para tener seguridad económica con el propósito de seguir adquiriendo artículos de consumo.

Lamentablemente este tipo de mujer parece a menudo necesitar de un hecho catastrófico que la sacuda y la ponga ante la verdad de sí misma, un hecho que pueda salvar el núcleo familiar. Por ejemplo, María Luisa no se puede perdonar la falta de sus hijos en tales circunstancias —Lori muere de una enfermedad fulminante y a Larry lo internan en una correccional—; por lo que decidió trasladarse con su marido a Estados Unidos para ver si podían devolver la vida que siempre le habían negado a Larry:

> Acaso por vez primera, marido y mujer alentaban un propósito común: animar el amor paternal en la ausencia de los hijos. Antes pasaron casi toda su vida fuera del hogar, de día y de noche, y la casa ahíta de muebles, vomitaba a los hijos a la calle y mantenía en sus intestinos a los parásitos: el pequinés y los gatos siameses.[41]

En *Cauce sin río* el conflicto de Marina es similar al de María Luisa Taveras. Mujer símbolo del consumerismo y esposa de un "prohombre cívico", Marina sabe explotar el sentimiento de inferioridad que su marido siente frente a ella. El, abúlico y débil de carácter, tiene que pagar la insatisfacción de la mujer esmerándose en rodearla de lujos y de comodidad sin exigirle nada en cambio.

Sandeau, que ha sacado a Marina de un cabaret en México, a los diecisiete años de casados se da cuenta de que se ha equivocado al casarse con ella. En diecisiete

---

[41] Laguerre, *El fuego y su aire* 220.

años ninguno de los dos ha conseguido una equilibrada madurez y se ha perdido la capacidad de amar, aunque el matrimonio jamás estuvo unido por un amor constructivo. Si Marina no ha desempeñado su papel de esposa de una manera justa, tampoco el marido se acuerda de valorar su femineidad; se ha instalado cómodamente en una vida conyugal sin ternura, tranquila y monótona. En cambio, uno de los mayores desasosiegos de Marina era saberse envejecer. Todavía deseaba sentirse admirada por todos los hombres. Su antigua reputación de mujer excepcionalmente hermosa ante quien se arrodillaban los hombres, la obsesionaba aún.[42]

En cuanto a la relación con su hija, la incapacidad de comunicarse le da al padre la impresión de vivir en un mundo diferente al de ella. Próxima ésta a cumplir los quince años, es cuando el padre se percata de que apenas tuvo otra comunicación que acceder a las peticiones de dinero para facilitarle los frecuentes actos sociales y las fiestas. Contrito, reflexiona:

> ...Todo el afecto de mi hija se reducía a llamarme 'H.R.' en sus momentos de expansión. No intimé nunca con ella y se hizo a imagen y semejanza de su madre. En mi hija he visto siempre una repetición física y sicológica de Marina. Como tantos otros padres contemporáneos, soy responsable de una generación tonta y superficial. He aquí mi gran derrota.[43]

Laguerre, a través de su obra señala reiteradamente que la incomunicación entre los miembros de la familia es una de las fuerzas más destructoras de la unidad familiar. Si la familia está en crisis, no puede ser considerada como un verdadero baluarte destinado a proteger a cada uno de sus miembros y a hacer posible su desarrollo hasta que éstos se conviertan en hombres y mujeres útiles para la sociedad, independientes y maduros.

Para el autor, el hogar es la base de la fortaleza de la sociedad. Considera que una niñez insegura o un hogar

---

[42] Laguerre, *Cauce sin río* 35.

[43] Laguerre, *Cauce sin río* 173.

conflictivo son fuerzas desintegradoras de esa fortaleza; que sin esa base se forman seres humanos incapaces de juzgar críticamente el valor de las cosas; seres humanos indiferentes hacia los valores espirituales. Por tanto, la mujer es presentada como el centro estabilizador personal, familiar y social; y sobre ella recae, no sólo la función de ser el encanto de la familia; también una responsabilidad de máxima importancia para la salud y la vitalidad de nuestra sociedad.

Capítulo VII
Conclusiones

Enrique A. Laguerre es el novelista más consecuente de nuestra historia. Las notas características de su obra son la búsqueda de lo autóctono y su aguda crítica social. Ya desde sus primeras novelas vemos cómo con el deterioro progresivo de la agricultura se dieron en Puerto Rico decisivos cambios económicos y sociales. El desplazamiento de la población campesina hacia las ciudades trajo serias transformaciones. El arrabal fue la parada intermedia de esa masa campesina que más tarde tuvo que emigrar hacia Estados Unidos. Aunque no todas sus novelas presentan la transición campo-arrabal-Nueva York, las últimas ubican a los personajes femeninos en la gran urbe con los consiguientes resultados de desempleo, pobreza extrema y marginación social.

Se ha dicho que en la obra literaria de Laguerre las figuras femeninas no cobran gran relieve. Sin embargo, hemos llegado a concluir que las imágenes trazadas por el autor responden a una época histórica de la vida puertorriqueña. El novelista ha buceado en la realidad y ha sacado en sus obras unos personajes femeninos que dicen más sobre la mujer que muchos libros escritos sobre la historia puertorriqueña.

Desde sus primeras narraciones, el autor comienza a presentar en forma dinámica ejemplos vivos que ilustran la naturaleza real del drama de la mujer puertorriqueña.

En *La resaca* traza la situación de la mujer campesina en el último tercio del siglo XIX; época de hambres y miserias en la cual la mujer es víctima tanto de las circunstancias sociales que la rodean, como del hombre a su lado que la maltrata.

La situación de la mujer campesina sigue la misma trayectoria en *Solar Montoya, La llamarada, y Los dedos de la mano*. En esta última ya se perfila mejor la evolución de la mujer que logra traspasar las barreras que le han sido impuestas y se ha lanzado a escalar nuevos campos como el de la educación y el ingreso en los movimientos laborales.

En *El 30 de febrero* la mujer es presentada también integrándose paulatinamente en el proceso educativo del país. La universidad ofrece una nueva oportunidad profesional y la universitaria comienza pronto a apreciar la atmósfera más liberal de Río Piedras, aun con el inconveniente de la supervigilancia de las dueñas de los hospedajes.

En contraste con el ambiente universitario se presenta, en la misma obra, la vida de la mujer en el arrabal. Los intentos de ésta por hacer frente a una existencia muy dura y muy poco gratificadora, tratando de adaptarse a la nueva forma de vida en la ciudad.

Con *La ceiba en el tiesto* el autor describe la penosa nostalgia que embarga a la mujer puertorriqueña en Nueva York. Luego, en *El laberinto*, ésta comienza a experimentar un nuevo nacimiento de libertad. El personaje de Rosana representa a la mujer económica y emocionalmente independiente cuya adaptación se logra sin las mayores complicaciones.

El trauma de muchas personas que se han desorientado socialmente en una economía rápidamente cambiante se hace evidente en *Cauce sin río*. Marilola, personaje femenino de una caracterización extraordinaria, en esta novela, es quien tiene la visión superior de los problemas de su sociedad. Consciente de ellos, es la mujer que lucha por derribar el cerco que la rodea.

Cauce sin río introduce, además, el personaje femenino víctima de la sociedad de consumo; culpable de que en la familia se haya perdido la estructura tradicional. El personaje se repite en *El fuego y su aire*. A la mujer como primera resposable, le son atribuidos todos los problemas del hogar. Es ella quien mejor cumple su cometido de objeto publicitario. Pero el novelista no se siente opuesto al personaje femenino que describe, sino a la sociedad que critica y denuncia.

En *Los amos benévolos*, —al igual que lo hizo en sus primeras novelas—, el autor vuelve a presentar el concepto del "machismo" como una de las causas más desintegradoras de la unidad familiar. Para subrayar las consecuencias de las actitudes "machistas", caracteriza a las figuras femeninas en una posición de inferioridad, y al hombre, dentro de la institución del matrimonio, lo presenta como una persona inmadura, que sólo ama a su propia personalidad e ignora las responsabilidades que se le han encomendado acerca del cuidado y bienestar de su familia. O sea, Laguerre analiza las actitudes "machistas" dentro del matrimonio e indirectamente señala que el hombre tiene todos los derechos que la sociedad le ha dado y no los utiliza en forma constructiva.

Por la exposición de sus ideas en *Los amos benévolos* no podemos afirmar si el autor es feminista o no. Sin embargo insinúa que el verdadero feminismo no debe consistir en querer para la mujer funciones que hoy se estiman superiores, sino en rodear sus funciones de mayor dignidad humana. No obstante presentar a la mujer en una posición de inferioridad, en su "magnífico destino" la presencia femenina es tan eficiente como la masculina. No cree que la mujer sea inspiradora pasiva, sino que tiene que ser agente, miembro activo, pero a la manera femenina.

A la manera femenina, la mujer-madre en Laguerre está presentada como un ser humano con sus propios problemas y angustias; que siente desde amor, ternura y compasión, hasta odio, desprecio y rencor. Algunas madres reciben el apoyo de sus hijos, mientras otras son despreciadas y abandonadas por aquellos que —así lo creen ellas— han sido objeto de sus sacrificios. Cree el autor, respecto a la preservación de la especie, que la mujer es quien tiene la mayor responsabilidad. Responsabilidad que se acentúa si se considera que el ser humano es la más débil criatura del reino animal durante sus primeros años. La imagen de la "mamá" es trazada con pincelazos de mártir y heroína. Otras madres son colocadas entre todos los demás mortales con sus virtudes y sus defectos, sus grandes logros y sus fracasos también.

Las madres solteras son las verdaderas heroínas. Ellas, sobre las complicaciones de su diario vivir, logran sacar a su familia adelante y educan a sus hijos para el bien de la comunidad. Los hijos de la madre soltera no se convierten en la cruz de su madre, y, por otra parte, Laguerre ve en la madre al ser humano luchador que sale airoso de las situaciones difíciles. Si al principio son condenadas y criticadas por la familia, luego por su fortaleza ganan el respeto y la admiración de los demás; sobre todo, de sus propios hijos. En fin, que les son adjudicadas una serie de posibilidades insospechadas: solas resuelven todos sus problemas, educan a sus hijos y son económicamente independientes.

La situación de la mujer-esposa en las novelas de Laguerre es mucho más ingrata. El matrimonio la subordina al marido quien dispone de ella como si sólo fuese una "cosa". En Lina (*La resaca*), Paulina (*El laberinto*) y Estela (*Los amos benévolos*) el autor ha caracterizado la melancolía y la sicosis que envuelven a estas mujeres casadas a quienes no les ha sido permitido hacerse reconocer como personas completas. En sus novelas, el marido y la mujer son familiares y, aunque viven bajo el mismo techo, son personas completamente extrañas; la vida conyugal les prohíbe conocerse verdaderamente. Tampoco logran comprenderse, por lo que pronto comienzan los conflictos. Tanto en lo espiritual como en lo erótico ya no tienen nada que comunicarse.

Con matrimonios similares a los descritos por el autor, la familia puertorriqueña como institución básica está destinada a desaparecer. La institución en sí misma adolece de las causas que la llevan a su desintegración. Laguerre piensa que hay que transformar el matrimonio. Cree que el matrimonio tradicional debe dar paso a una nueva forma de vida; que el hombre y la mujer aúnen sus esfuerzos para devolver a la institución de la familia su categoría de base de la sociedad; que las parejas no se consuman en el hogar, sino que trasciendan fuera de él hacia la comunidad. Porque con la familia rota o deshecha no podremos alcanzar la paz social que precisamos. He aquí la gran responsabilidad que, según Laguerre, lleva la mujer puertorriqueña sobre sus hombros.

Conversación
con Enrique A. Laguerre

En 1935 se publica la primera edición de *La llamarada*, novela que además de recoger un período de suma importancia en la historia de Puerto Rico, consagra a su autor como una de las figuras más importantes dentro de las letras puertorriqueñas e incorpora su nombre a la expresión novelística hispanoamericana.

Desde entonces, mucho se ha escrito, aunque no lo suficiente, sobre Enrique A. Laguerre, su época y su obra. Se le ha destacado por su obra literaria muy propia y original. Ha sido el autor que con más auténtica emoción ha cantado a la campiña puertorriqueña, así como también ha denunciado los más graves males sociales de su país. Ha sido el autor que por más tiempo ha permanecido en el programa de español de nuestra escuela pública; y sin embargo, es desconocido el Laguerre que se formó bajo la tutela cariñosa de doña Carmen Gómez Tejera: Laguerre, el educador.

Porque Enrique A. Laguerre, autor de once novelas y de muchos ensayos sobre temas sociales y culturales, es también el maestro enamorado de su vocación que colabora con entusiasmo ferviente en el quehacer educativo de Puerto Rico, con una gran fe en su Sistema de Instrucción Pública.

A sus setenta y seis años, con gestos pausados y suavidad al hablar, es interesante escucharle; compartir con él acerca de su vida y de su obra; y conocer el gran sentido de humor que se esconde tras su serena seriedad...

Grata fue mi impresión, a través de nuestra conversación —entrevista concertada previamente por teléfono—, la cual tuvo lugar en el Instituto de Cultura Puertorriqueña el martes, 25 de marzo de 1980.

R.E.O.   *Doctor Laguerre, al presentar la figura de la madre abnegada, ¿está usted pensando en doña Atanasia, su señora madre?*

E.A.L.   No, es que en donde yo me crié había muchas personas así. Incluso, más que en mi mamá —que tenía un carácter bastante enérgico, no era una persona muy blandengue, de hecho no lo era—, más bien pensaba en mi abuela materna, doña Juana Vargas, canaria ella. Siempre admiré su voluntad maternal, no solamente con los hijos, sino con los nietos. Y, además, pues, pensaba también en mi madrina Lina. Aunque tiene el mismo nombre son algo diferentes. Físicamente el personaje se parece más a mi madrina que a mi abuela. Pero de todas maneras, esos son dos ejemplos de lo que pudieran ser dos modelos para Lina.

Conocí infinidad de personas sacrificadas, madres sacrificadas como Lina la de *La resaca*. Sucede que el autor tiene modelos y es muy posible que tenga más de uno y que encuentre en los diversos modelos unas peculiaridades de características parecidas y que se identifiquen con el personaje.

Eso era en la época en que al hombre se le toleraba todo. Máxime si el hombre era de una familia venida a menos. Una familia que tuvo algún destaque, alguna prominencia, como el caso del marido de Lina que se casa con una mujer pobre. Es el mismo caso que ocurre en *Los amos benévolos* y en alguna otra de mis novelas donde ocurre algo similar. Por eso es algo que me sigue; experiencias que tuve donde nací y me crié y que siempre he rechazado. La forma de ser de una persona que vino a menos y cree que es suficiente lustre y suficiente pasaporte para hacer de la mujer lo que quiere. Sencillamente estar de vago y que la mujer trabaje para él. Como vi eso tanto cuando me criaba, indudablemente ha salido en mis novelas una y otra vez. Porque no solamente en ésa, sino desde *La llamarada* viene pensándose en ese mismo tema.

Claro que yo nunca a ninguna persona que se cree personaje de una novela mía —claro que hay muchas personas que se han identificado en mis novelas—, yo siempre se lo niego a pie juntilla por razones muy obvias. Una persona puede tener buena intención; otra no puede tener tan buena intención y me puede poner una demanda como que retorcí su carácter, o por libelo, o lo que sea; llevarme a la corte. Así es que tengo que pensar al confesar quiénes son.

Pero es que yo nunca doy mi brazo a torcer en ese sentido porque me parece que hay una base sólida desde el punto de vista de la creación. O sea, uno puede tomar de modelo a una persona, pero tan pronto esa persona entra en el mundo de una novela, deja de ser aquella persona para convertirse en el personaje. Es lo mismo que un cuadro. Para un pintor una virgen de Rafael pudo haber sido una prostituta. El pintor se fija en el físico, si éste le parece original. A través del físico pone todo su arte y eleva esta situación realista a categoría de símbolo. Cuando este personaje que estuvo como modelo se convierte en virgen en el cuadro, no quiere decir que la prostituta esté en el cuadro. Es sencillamente un símbolo.

Hasta se dice, por ejemplo, que la Mona Lisa era un hombre. Lo que no me sorprende porque el pintor era homosexual. Cualquier cosa que haga Da Vinci o Miguel Angel no me sorprende porque ambos tenían esa reputación. Claro, con el tiempo todo se va borrando y lo que queda es el gran artista que era el uno o que era el otro.

Es lo mismo que pasa con Oscar Wilde. ¿Vio la película "The Man With the Red Carnation"? El siempre llevaba un clavel rojo en el hojal. Es la vida de Oscar Wilde; una vida fuera de lo normal. Por lo menos Da Vinci es del Renacimiento donde esas cosas sucedían y se veían otras peores. Pero ya en el siglo XIX con el Romanticismo y luego con el Realismo ya eso provocaba la persecución social y hasta inclusive la moral convencional que surge en el siglo XIX no le toleraba eso a Oscar Wilde. Hoy día se tolera. Hoy día se tolera en grande y ellos hacen gala de eso.

Estaba pensando en la adjudicación que se le está dando al personaje central de *Los amos benévolos*. Lo presenta, francamente, como un tipo de esa naturaleza. Se sugiere, pero no se dice. Constantemente se está sugiriendo su inclinación por aquel muchacho que hablaba inglés, que vino de Estados Unidos, que luego lo sorprenden bajo una escalera huido de la casa; y luego esa inclinación que tenía por personas de su mismo sexo. Además, él creía que las mujeres eran mórbidas. Y cuando la mujer era débil, él se cebaba de ella. Cuando era fuerte, la mujer lo dominaba. Como la gran Cecily Knight que lo dominó. Pero la pobre Estela se volvió loca; una locura mansa de trasponer las cosas.

De esta obra se ha hecho un estudio estupendo por Sor María del Carmen Monserrat. Es, creo yo, el estudio más profundo de cualquier obra mía. Ella pasa por toda la obra y luego se detiene en *Los amos benévolos*, y se ha hecho un estudio que tiene como setecientas páginas y luego una bibliografía. Ha recogido un acervo bibliográfico de tal naturaleza que consta alrededor de mil setecientas fichas.

El otro día me la encontré. A mí me habían dedicado la fiesta de la Semana de la Lengua en el Colegio del Turabo. Cuando me vio me dijo que ese sábado saldría mi "Hoja Libre" número ochocientos (800). Con esas ochocientas fichas, más las hojas publicadas y la crítica, ella las ha hecho en un libro. Además, ¡ese estudio que ha realizado! Todo lo ha fotocopiado y me ha dado tres volúmenes, cosa que a mí me hubiera tomado más de seis años el hacerlo. Aparte de eso tiene una bibliografía de la que le hablé. En total son alrededor de mil setecientas páginas.

He escrito artículos donde juzgo el prejuicio que hay contra la mujer. Tengo otro trabajo, o sea, datos muy importantes para realizar otro trabajo sobre ese mismo tema. Lo tengo reunido ya. No he tenido la oportunidad de hacerlo porque yo escribo las hojas según el interés que haya habido en la semana. Cuando no hay tema actualista, recurro a esos temas de siempre.

R.E.O.   *¿Y Enrique Laguerre como hermano?*

E.A.L.   Mis hermanas eran dos mayores. La mayor —Isabel— tenía gran habilidad para la música. Le ponía música a las poesías y aprendió violín sola, pero murió joven al tener el primer hijo.

La segunda, es la madre de una que es profesora en la Universidad. Está casada con el Reverendo José Arroyo de Aguadilla. La más pequeña se quedó en la finca.

Mis hermanas, como eran mayores que yo, naturalmente que tenían dominio sobre mí hasta que crecí un poco. La más pequeña fue la única que no fue a estudiar. Las otras sí fueron. Yo fui el primero del barrio que fue a estudiar al pueblo. Ningún otro había ido anteriormente. Tuve, por lo menos, esa fortuna de que me enviaran a estudiar al pueblo por vez primera en todo el barrio.

Yo recuerdo. Estaba yo en Moca en cuarto grado. Mi maestra era Ramonita Barbosa (murió hace poco).

En Ceiba, recuerdo cuando pasaba por allí. Había dos negocios. Uno de Natti Dumeng y otro de Domingo Ortega que tenía unos hijos en la escuela de Mora. También toda la familia de los Misla, Calero... Todas estas gentes estaban allí. De ahí yo fui a Aguadilla. Luego en sexto grado a Quebradillas con don Paco López y volví al séptimo grado a Aguadilla hasta el cuarto año.

En Aguadilla estuve un tiempo en que Carmen Gómez Tejera era directora de la escuela.

Ese sector de Mora y La Curva que hoy está convertido en un pueblo, lo conozco muy bien. Desde que era estudiante de cuarto grado —y de eso a acá es casi una época prehistórica—.

Los muchachos, cuando voy a dar una conferencia, me dicen: "Yo creía que usted se había muerto". Los muchachos se creen que solamente a los muertos es que se les dice esas cosas que se dicen a veces en la crítica y no tienen la idea concreta de que a un vivo también se le puede elogiar.

R.E.O. *¿Y Enrique A. Laguerre como esposo?*

E.A.L. Bueno, quien tiene que juzgar a uno es la mujer con quien uno va a vivir. Tuve mi primera mujer, Beatriz, la madre de mi hija. Beatriz murió cuando la nena tenía dos años y medio de edad. Murió de una intervención quirúrgica muy mal realizada. Tenía una enfermedad y se había tuberculizado. O sea, padecía de la pleura y de ahí se desarrolló una afección pulmonar. Para ese tiempo no había medicinas. La curación se hacía por neumotórax y poniéndole una inyección hubo un rompimiento de la pleura y murió con una hemorragia.

Mi hija Beatriz está casada con un asturiano y tiene dos hijos. La nena tiene quince años y está estudiando en el Sagrado Corazón. El nene tiene trece años. El otro día me llamaron para decirme que iba a aparecer por televisión. Le hicieron una entrevista con un poema de Beatriz en el programa de Sandra Záiter.

Ahora estoy casado con Virginia. Ella es profesora en la Universidad de Puerto Rico. Tiene cuatro niños y es mucho más joven que yo. Es una madre modelo.

Ahora hay tantos problemas en la calle que uno tiene que estar siempre pensando lo que le pueda pasar a un niño en la calle. Con mi nieta, a quien quiero mucho, tengo gran preocupación. ¡Los hijos! Solamente pienso que si no lo hubiera tenido, no me hubiera gustado tenerlo. Porque echar un hijo al mundo es un problema tremendo.

R.E.O. *Su preocupación de tener hijos pasa a la novela...*

E.A.L. Sí. Mi mayor preocupación es que las madres sean saludables para que los hijos sean saludables. Esa "cosa" de salud aparece ya en *La llamarada* con Delmira.

Y entonces, una pregunta inevitable de casi todos los que leen *La llamarada* es que por qué Juan Antonio no se casó con Delmira. Inevitable pregunta; y da la casualidad que la persona modelo para Pepiña murió en muy malas condiciones de una artritis sicosomática, mientras que Delmira sanó.

Hay la creación ésta. El autor para hacer la novela crea un microcosmos donde el autor le crea a los personajes un ciclo vital. La novela tiene el ciclo vital del tiempo en que uno está escribiéndola. Ese tiempo viene a ser el ciclo vital de los personajes. Tan pronto como escribo la novela, puede ser que sigan viviendo, como puede ser que mueran.

A todas estas personas, indudablemente, no se les trató bien en la novela. Cuando me dieron la noticia de la muerte del personaje que encarna en la novela a Pedro Juan Moreau, yo era director de una Segunda Unidad* en mi pueblo. Y alguien me dice: "Se murió Pedro Juan Moreau". Yo le dije que yo no conocía a nadie que se llamara Pedro Juan Moreau. "¿Cómo no vas a conocer a tus personajes?"

Hace tiempo fui a aquel sitio en una excursión. Iban tres autobuses al lugar donde se desarrolla *La llamarada*. Me invitaron para que hablara; y cuando entré en aquel sitio fue como si hubiera entrado en otro mundo.

La llamarada tiene actualmente veinticuatro ediciones y de ese tiempo a esta parte ha pasado un tiempo de unos cambios tan violentos en la vida de Puerto Rico que me parecía casi imposible que yo estuviera en el mismo sitio donde se desarrolla *La llamarada*. Allí había tantos curiosos y me hacían tantas preguntas con terceras dimensiones; hasta pario con la casa y el castillejo aquel de fondo. De manera que uno pasa por esas experiencias, sobre todo cuando un libro ha tenido tantas ediciones.

---

* La Segunda Unidad es una escuela rural intermedia cuyo programa escolar ofrece, en adición a las asignaturas tradicionales, economía doméstica para las niñas y agricultura para los varones. El programa social y de salud está basado en las necesidades de la gente de los núcleos rurales.

Me está pasando igual con *Cauce sin río,* novela que se lee mucho. Tiene diez ediciones y es mucho más joven que *La llamarada.* Incluso cuando doña Lorencita, todavía viva, y yo era maestro de Rosarito Ferré, me mandó a llamar, o ella quiso que yo fuera allá. Ella estaba bajo una tienda de oxígeno; el doctor Suárez la atendía.

Me llamó para preguntarme si la hacienda que aparece en *Cauce sin río* era la hacienda de los Ramírez de Arellano allá en el camino de Yauco; o sea, de San Germán a Guánica. Y efectivamente era ésa. Era una hermosa hacienda con una chimenea de ocho lados rodeados de quenepos machos y con un parral en el patio. Una hermosísima casa. Yo le dije que sí. Esa era la única hacienda con una chimenea ochavada; es la única que había por allí.

R.E.O. *¿Quisiera usted hablarme de sus maestros?*

E.A.L. Está doña Carmen de cuyo apellido no quiero acordarme. Ella es la maestra que me hizo desencantar de la escuela y por poco me voy por ella. Pero da la casualidad, que siendo yo profesor, un día, pasando lista el primer día de clases, veo el nombre de ella. Era ella; estaba en mi clase. Fui donde ella.

¿Sabe? En el primer examen que le di, ella tuvo F. Me dirigí donde estaba ella y le dije: "Doña Carmen, ésta no es usted. Voy a romper este examen y lo voy a dar por no tomado". De ahí en adelante ella sacó A en todo. Doña Carmen pudo haber sido la persona que por ella me tengo que ir de la escuela.

Ahora, doña Carmen Gómez Tejera es mi gran maestra de escuela superior. Fue ella quien en realidad descubrió mi habilidad para escribir. Fue para un Día de las Madres. Había escrito yo una composición que ella consideró que era la mejor. La leyó clase por clase. Yo sabía que era mía, pero nadie más lo sabía. Y ella decía: "¿Saben quién escribió esto? Fue Enrique". De ahí en adelante me convertí en una especie de mito y esto me lo creó doña Carmen.

Cuando salió *La llamarada*, fue en un verano, ella me hizo una fiesta en su casa. Yo estaba ese verano en su casa y ahí me hizo la primera fiesta de *La llamarada*.

De modo que doña Carmen fue para mí un símbolo. Yo lo digo en varias "Hojas Libres". Cuando ella murió escribí también unas "Hojas Libres" en recordación de ella.

Ahora, en la Universidad, el maestro que realmente fue gran maestro fue Pedreira. Pedreira fue quien descubrió que yo había escrito unas cuantas novelas antes de *La llamarada*. Yo había escrito tres novelas, pero las había quemado. Iba a quemar *La llamarada*, pero cayó en manos de Pedreira y él gestionó que se publicara. Se publicó en Aguadilla. El hizo una crítica muy elogiosa y se vendió como "pan caliente". Y como eran personas conocidas, tenían un interés muy grande en conocer qué decía yo en *La llamarada*.

De mis grandes maestros puedo decir que fueron Pedreira y doña Carmen Gómez Tejera. Concha vino un poco más adelante. Mi amistad con Concha fue más posterior. Cuando era maestra mía no se nos veía tan juntos. Pero andando el tiempo ella se convirtió en una especie de juglar mío porque cuanto libro mío salía, siempre escribía una crítica. La persona que más ha escrito sobre mí ha sido Concha; de cada una de mis obras ha escrito algo. En consecuencia, pudiera yo decir que no me atrevo decir nada de Concha para que no vayan a creer que es una cuestión de compadrazgo. Por eso, no me atrevo a escribir acerca de Concha, salvo un trabajo que escribí y que aparece en *Polos de la cultura iberoamericana*. El primero que escribí y que aparece dedicado a ella.

Fuera de estos maestros veo que los otros son personas que no influenciaron tanto en mí. Por ejemplo, un maestro que se llamaba Manuel y que tenía un carácter de lo más raro. Por poco me cuelga también y cuando salió *La llamarada* me escribió elogiándome cómo escribí. De modo que es una cosa rarísima que una persona que por poco me cuelga después se sintiera satisfecho de que yo fuera su discípulo. Porque uno siente satisfacción si todavía tiene buenas relaciones con el discípulo, pero él no las tuvo conmigo. Después tuvimos amistad. El era un poeta anacrónico que escribía según el modo modernista que ya iba de pasada.

De los demás maestros no tengo recuerdos especiales particulares; salvo de esos tres: Carmen Gómez Tejera, Antonio S. Pedreira y Concha Meléndez.

R.O.   *Durante la conferencia en el primer Congreso de Literatura Hispanoamericana usted destacó en gran medida los personajes femeninos de Jorge Amado. ¿Considera que pueda existir alguna semejanza entre estos personajes y alguno de los personajes de alguna de sus novelas?*

E.A.L.   El ambiente en que se desarrolla uno y otro son diferentes porque Brasil es un país enorme y Puerto Rico es pequeño. Se parecen en que tienen más o menos los mismos cultivos, los mismos alimentos; que es zona tropical; y ese señorío feudalista que todavía existe en rezago en Puerto Rico, pero que en Brasil es más acentuado. Porque casi toda la obra de Jorge Amado está continuamente censurando a los coroneles que viene a ser como una mancha feudalista que ha quedado en Brasil. Eso se ha ido limpiando en Puerto Rico; de modo que frente a una situación como está la mujer en Puerto Rico no tiene esa supeditación que tiene la mujer en Brasil. Lo que hace Jorge Amado es tratar de liberar a la mujer en esa supeditación. Porque los grandes personajes de Amado son femeninos. Viene ocurriendo desde *Gabriela, clavo y canela, Teresa Batista, Los viejos marineros...* Es decir, que él tiene tres etapas conocidas.

Poca gente conoce su primera etapa social. Su segunda época es la bahiana. En su tercera época es donde aparecen estos personajes fuertes, como Teresa Batista, etc.

Hay una gran diferencia porque la mujer aquí, pese a que tiene más libertad..., y además en Brasil no existe el divorcio. Si una mujer se separa legalmente del marido, no puede volverse a casar. Le llaman la desquitada. Está desquitada, dicen.

Tuve una amiga en Sao Paulo que me acompañó durante los seis meses allí y luego estuvo conmigo en Argentina y Uruguay. Ella estaba desquitada y no podía casarse de acuerdo con la ley. Podía salir de Brasil y casarse, pero según la iglesia en Brasil estaría en concubinato. Eso en cuanto a la mujer. El hombre tampoco puede casarse, pero si se lo prohíbe la iglesia, lo hace por su cuenta.

(Había un anuncio muy corriente en Sao Paulo que decía: "Se tramitan divorcios en Montevideo y en Santiago de Chile". Porque en Argentina también la situación es parecida).

Es decir, que en ese particular nosotros tenemos más adelanto que los brasileños. Sin embargo, aquí hay mucho prejuicio contra la mujer divorciada o contra la viuda porque la creen mujer fácil. Esa es una de las preocupaciones que tiene Lucha Madrigal quien ha estado en un ambiente de atropello desde que era niña. En ese sentido hay parecido. Lo que sucede es que el personaje de Jorge Amado es populista hasta lo último, mientras que mis personajes son de la clase media, de la clase media baja. Los de aquí son populares del pueblo; y Teresa Batista y Gabriela son populistas. Además, que son unos personajes que tienen mil y una aventuras y él lo cuenta como si no fuera nada, mientras que aquí, si uno contara "eso" creerían que la mujer estaba de matar. Si yo dijera de una mujer puertorriqueña como Amado lo dice de Teresa Batista; o de Gabriela que se divorcia para seguir viviendo con el mismo marido o para entregarse a otro... Pues es una opinión muy mala y no lo haría yo aquí porque el ambiente de aquí repudia esto.

Yo tenía una discípula brasileña que se ponía furiosa con los personajes de Jorge Amado. Ella era de una provincia del norte de Brasil donde la población es más indígena y europea que con el mestizaje africano. Decía que los personajes de Amado en forma alguna eran representativos del Brasil.

Lo que quiere decir que Brasil es tan grande, que lo que ocurre en un lado no tiene que ocurrir en otro lado. Y aquí en Puerto Rico, ¡es tan pequeño!, que lo que ocurre en Fajardo ocurre en Aguadilla. Así que no existe gran diferencia entre la mujer de Fajardo y la mujer de Aguadilla, o la mujer de Ponce. Quizás en Ponce conservan todavía un tradicionalismo que no ocurre en el norte.

Cuando fui director del Departamento de Estudios Hispánicos en la Universidad Católica de Ponce, recuerdo una especie de temor supersticioso entre familias opulentas de ese pueblo. Me sorprende porque la gente de acá, de San Juan, no tienen esas cosas, pero en Ponce sí. Ya los pueblos del norte se van liberando, pero el sur, siendo Puerto Rico tan pequeño, tiene una gran diferencia.

Recuerdo una gran discusión entre uno de Ponce y uno de San Juan. Decía el de Ponce: "Hay un sitio de Ponce que a mí me encanta". Dice el de San Juan: "¿Dónde?" Contesta el de Ponce: "La salida hacia San Juan".

Pero yo pasé tres años muy buenos en Ponce. Tengo gratos recuerdos de Ponce y de su Universidad. He encontrado muchos amigos ponceños, pero noto que la gente más ponceña tiene como propósito ulterior venirse para San Juan.

No sé si ha leído algún trabajo que he escrito sobre el prejuicio que existe en el diccionario contra la mujer. Donde, por ejemplo, yo me atrevo a decir que don Luis Muñoz Marín fue un notable hombre público, pero no me atrevo a decir que doña Felisa Rincón de Gautier es una notable mujer pública. ¿Ve que son prejuicios del diccionario? Y este prejuicio está compuesto por hombres mayormente; y muchas veces hasta por mujeres que han aceptado el mundo del hombre. Porque muchas veces la mujer ha colaborado tanto como el hombre en mantener el mundo del hombre. Quiere decir que ustedes han colaborado en el mundo del hombre. Que la mujer existe para el hogar y para cocinar, para atender a los hijos, para el que venga sobrio o venga borracho o venga como venga. Es sujeto hombre y hay que atenderlo.

En la gente pobre, cuando no hay un huevo para la mujer o para los hijos lo hay para el hombre. Y el mejor pedazo de carne lo hay para el hombre. En aquel tiempo de pobreza extrema, si la familia era grande, a lo mejor le tocaba una pata de la gallina a alguien, pero la pechuga era para el hombre. Y casi siempre la pata, que no tiene ninguna carne, le tocaba a la mujer.

R.E.O. *En su obra hay una especie de homenaje a esas mujeres que, sin llegar al matrimonio, han tenido hijos. Pero a Carmencho, la de* Cauce sin río, *la libra de cometer cualquier pecadito...*

E.A.L. Carmencho es un símbolo en *Cauce sin río.* Y, realmente existía esa persona y estaba muy ligada a mí. Es muy difícil para un autor, sabiendo de la persona que es objeto de esas consideraciones creadoras, presentarla con defectos que sean muy notorios. Sobre todo en el microcosmos de una novela.

En el caso de esta mujer, tenía su marido y estaba en planes de divorcio. Todos estos incidentes de Carmencho son para salvarla de un pecado que pueda hacerla desmerecer ante los ojos de los lectores que se habían enamorado de ella.

Todo lo que sucede en *Cauce sin río,* o gran parte de lo que sucede en *Cauce sin río,* fue exactamente como está en *Cauce sin río* con algunas variantes de idealización como el caso de Carmencho. Quise hacer lo mismo con Marilola, quien quizás no es tan admirable como Carmencho, pero admirable. Carmencho es muy dulce, muy agradable y muy buena persona. Sobre todo, de una sensibilidad muy exquisita y estaba condenada a vivir con una persona a quien no quería y con quien se había casado con un poco de pena, de lástima y no quería hacerle daño. Lo mismo que pasa en *Cauce sin río*. Claro que en estas cosas el autor disfraza un poco los personajes.

María Dolores también existe. Es de una personalidad extraordinaria. Se ha casado tres veces y casi todas con extranjeros. Igual que María Dolores, es una desterrada voluntaria.

Este personaje de Marilola es un personaje muy apreciado por muchas mujeres porque es una mujer tan desenfadada, que le importa poco lo que puedan decir de ella, que quiere cuando quiere. Quiere decir que es un personaje muy atractivo. Es una persona más a tono con la época contemporánea; con las aspiraciones de la mujer; con la independencia de la mujer; muy sincera.

R.E.O.   *¿Cómo cree usted que domina la mujer en la administración de la Universidad? ¿Podría compararse con la administración de las universidades norteamericanas?*

E.A.L.   Todavía no he visto ni una rectora ni una presidenta de universidad, aunque he visto que están nombrando mujeres para secretarias de educación en Estados Unidos y secretarias de estado como sucede en Illinois.

La mujer americana es una especie de primer ministro.

Me explico: Quien tiene el poder representativo es el rey, pero quien manda es el primer ministro. En ese sentido, una de las preocupaciones que tenía Valencia era que al casarse con Cecily Knight ella iba a ser el primer ministro aunque él se tachaba de rey. Y como decía él, es una cosa insoportable lo que hacen estas primeras ministros. Como ésta que lo arruinó finalmente. Y eso en Estados Unidos existe.

Me contaba un médico que tiene un pariente casado con una norteamericana. Aquí él era muy machista, pero allá, a cuanta cosa ella le decía, él respondía: "Yes, dear". El pariente le preguntaba: "¿Qué ha pasado?"; y él le contestaba que el divorcio le costaría más caro.

R.E.O. *¿Cree que nosotras las puertorriqueñas podamos llegar a primer ministro? A mí me encantaría.*

E.A.L. Sí, he visto algunas. Aquí no es tan grave porque todavía aquí las mujeres tienen más consideración con el hombre. Como eso es una cosa que está causando gran reversión, porque hace poco, en una corte en New York se obligó a una mujer a pagarle "alimony" a un hombre porque ella tenía dinero y él no tenía. Ahora estaba leyendo sobre un hombre que estaba pidiendo en "alimony" de un millón de dólares a la mujer.

Eso ya está en un proceso de reversión porque había ciertas mujeres que se casaban para vivir del hombre y para explotarlo de acuerdo con las leyes. Pues se ha dado el caso de una mujer que se casó cinco veces y cobraba el seguro social de cinco maridos veteranos a la vez. ¿Ve? Ya eso es un vicio. Según están las leyes se presta para que ese vicio ocurra.

En fin, yo creo en el derecho de la mujer de aspirar exactamente a lo mismo que aspira el hombre, salvo aquellas cosas que son propias del hombre. Creo que en *Los amos benévolos* digo que la mujer es superior al hombre como mujer y el hombre superior a la mujer como hombre. Luego son iguales. Así que no se puede esperar que la mujer haga las cosas como hombre ni que el hombre haga las cosas como mujer. Ahora, cuando el hombre hace las cosas como mujer lo denigran más que cuando la mujer hace las cosas como un hombre.

Carmencho es un personaje más poético; más lírico en cierta medida; hasta un poco más romántico. Así es ella en persona; una persona tradicionalista, romántica.

También existió este personaje de la pobre mujer de Valencia en *Los amos benévolos*. Claro que existe y se pluraliza en Puerto Rico.

R.E.O. El laberinto *me hizo recordar al* Señor Presidente.

E.A.L. Estando yo en New York, —aún no habían asesinado a Trujillo—, fui a un congreso de literatura iberoamericana en la Universidad de Columbia y se me acercó Andrés Iduarte y me dijo:

Enrique, he oído decir que a usted le va a suceder lo mismo que a Galíndez porque Trujillo se ha sentido retratado en *El laberinto*, y no tanto por sentirse retratado, sino porque usted lo ha puesto en ridículo cuando le va a pasar la mano al becerro y éste lo embiste o cuando tiene todo su birrete con plumero y todo y le dan ganas de ir al retrete y en el apuro se le cae algo.

Parece que se sintió ofendido y había dicho que me raptaran para matarme. Me lo dijo Iduarte quien era profesor en la Universidad de Columbia. Yo no lo creí de primera intención. Y me dijo Iduarte: "Sería bueno que usted saliera de este dormitorio cuanto antes. Yo vivo en Western Avenue en un hotel que se llama París. Si usted quiere venirse al Hotel París..."

Eso fue un viernes. Yo tenía que ir el sábado a cambiar los boletos porque en vez de venir el sábado como pensaba, tuve que postergar el regreso como para el martes. Fui a la Ciento Ochenta a cambiar los boletos. En el momento que subía unas escaleras en la Pan American para cambiar los boletos, oí que alguien me llamaba. No conocía a la persona que me llamaba. Me dijo: "Yo soy del diario *La Prensa* de Nueva York y quiero hacerle una entrevista". Inmediatamente me vino a la mente que Trujillo tenía un cincuenta y un por ciento de las acciones de *La Prensa*. Si yo no sé ese dato quizás accedo a ir a la entrevista. Pero yo sabía ese dato y me dije: "¡Caramba!, esto coincide con lo que me dijo Iduarte. ¿Qué interés puede tener en que yo le dé una entrevista al diario *La Prensa*, un periódico de Trujillo? Y le dije: "Sí, cómo no. Yo le voy a avisar porque estoy en un momento de mudanza. Yo le aviso por teléfono. Déme su teléfono". Y me dio el teléfono y le dije que lo llamaría. Claro que todavía está esperando la llamada.

Así fue como le ocurrió a Galíndez. Lo raptaron en un avión y lo tiraron en el pozo de los tiburones después de torturarlo. Lo tendieron bajo el sol con los ojos cocidos. Cuando iba a cerrar los ojos, le sangraban y se cegaba con la sangre por los ojos cocidos y bajo el sol en un hormiguero. Después que lo torturaron de esa forma lo acabaron de matar y lo tiraron en el pozo de los tiburones. Eso se dijo más adelante.

Y claro, *El laberinto* está denunciando a Trujillo. Se habla de Santiago porque estoy pensando en Santiago de los Caballeros que es la ciudad más dominicana de Santo Domingo. Por fortuna me salvé gracias a ese aviso de Andrés Iduarte.

Entonces, cuando murió el padre de Augusto Rodríguez yo fui a la capilla ardiente. Salí para Aguas Buenas como a las tres de la madrugada. Aguas Buenas tenía una carretera bien estrecha. Cuando yo venía bajando para luego subir, —en la bajada había un puente donde la carretera se estrechaba aún más—, vi que en la bajada había un auto con las puertas abiertas para que el que viniera se tuviera que detener. Cuando vi eso me acordé del anuncio de Iduarte y apresuré el automóvil para llevarme de frente lo que había. Cuando vieron que no me iba a detener se tiraron a la cuneta. Por poco me quedo en la cuneta, pero por fortuna el impacto hizo que el carro entrara de nuevo en la carretera.

Cuando Juan Bosh estaba en la presidencia fui a Santo Domingo. La gente allí me preguntaba si había estado en Santo Domingo que podía describirlo tan bien. Yo no había estado en Santo Domingo; pero es que uno puede conocer a un dictador hasta por su jefe en la oficina. Conocer la sicología de un dictador puede ser lo mismo mediante el presidente de una república o mediante un jefe de oficina.

Así que escribí *El laberinto* con esas impresiones. Sin que yo hubiera estado en Santo Domingo anteriormente. Todos los dominicanos que han leído mi novela me han dicho que es la mejor descripción que se ha tenido de la dictadura de Trujillo. Es curioso porque allí se han escrito libros como *Cementerio sin cruces* que fue lo que le sobrevino la muerte a Requena. Requena es el personaje que matan en el zaguán cuando entra Porfirio Uribe. Ese es el Andrés Requena que matan en un zaguán en Nueva York porque había escrito un libro contra Trujillo.

La mayor parte de los incidentes que ocurren en *El laberinto* los recogí del libro de Galíndez *La era de Trujillo* que, como sabe, lo raptaron en un avión y lo mataron en Santo Domingo.

R.E.O.   *El naufragio se repite constantemente en su obra...*

E.A.L.   He viajado mucho en barco y cuando uno va a bordo de un barco en que se repiten los círculos que rodean el barco, uno se pone a pensar en un naufragio. Quizás la obsesión de haber viajado tanto en barco me lleva a ese tema. Además, que los hoteles de aquí me han dado siempre la impresión de barcos a punto de zarpar.

Esos hoteles junto a la orilla del mar me dan la impresión de barcos atracados, que no están estabilizados, como si estuvieran transitoriamente. Ese concepto aparece en *El fuego y su aire.*

Pedro José Expósito, el personaje de *El fuego y su aire* es uno de los personajes que yo, como creación literaria, aprecio más.

R.E.O.   *Alberto Linares en cierta forma me parece que es Enrique Laguerre...*

E.A.L.   Yo creo que sí; no lo puedo negar. Porque, después de todo, yo no voy a presentar un libelo en contra de mí mismo. Es verdad, y sus ideas son mis ideas. Y luego, ese amor suyo de siglos; esa transposición sicológica de una persona que tenía una deuda contraída desde tiempos del renacimiento en ese pueblo italiano que luego se repite en nuestros días.

Yo tenía una amiga espiritista que siempre me estaba diciendo que le hubiera gustado que nos hubiéramos conocido en esa época. Quizás eso me llevó a escribir estas cosas en honor a ella, sobre unos amores de 1523 que tienen una especie de repetición con Adalberto y Helda; una repetición en honor a mi amiga espiritista.

R.E.O.   *¿Cree usted en la reencarnación?*

E.A.L.   No he estudiado para decir si creo o no. No tengo pruebas para decir si creo o no, pero también lo he traído en *Los amos benévolos* con Lavidia. Lavidia es espiritista y existió en realidad. Para mí fue una mujer admirable. Vivía en una casa vieja como la describe el libro. Tenía unos árboles en el patio que eran su jardín, y era una persona muy espiritual. Cuando decidió morirse se acostó en la cama y murió.

Ese es un personaje que existió, pero lo he llevado hasta otra dimensión; a una cuarta dimensión donde ella entendía hasta el milagro del lenguaje de las flores y hasta veía mariposas invisibles que otros ojos no podían ver.

Ese personaje para mí es como una quintaesencia de mujer. En ella se encuentra ese sexto sentido que tienen las mujeres y que el hombre generalmente no tiene. El marido es muy buena persona, pero no tiene ese sexto sentido que tiene ella. Y, aunque cree en la justicia social, se embarró con la política.

Ahí encontramos el Nilo y el Mediterráneo como los grandes símbolos de *Los amos benévolos* porque nosotros somos hijos del Mediterráneo; no solamente del Mediterráneo a que pertenece España, sino del Mediterráneo a que pertenece Asia Menor. Del Mediterráneo a que pertenece Egipto y también donde desemboca el Nilo que trae agua del centro de Africa. Y claro, esas aguas que vienen del centro de Africa son una recordación de que Egipto no podría existir si no es por esas aguas que desafían el desierto y se acumulan con las lluvias del Africa Ecuatorial.

Ese símbolo María del Carmen Monserrat lo ha explicado admirablemente. Ahora mismo ella está preparando una conferencia que se llama "Las alusiones bíblicas en *Los amos benévolos*". Es admirable lo que Monse ha visto.

—Yo le llamo Monse porque a pesar de que es una monja, ella quiere que le llame Monse—. Ella ha estudiado bien esa novela. También ha descubierto cosas que yo mismo no sabía. Como por ejemplo, descubrió que en 1870 y tantos, un bisabuelo mío compró una casa que había pertenecido una vez a los de la Rosa en Isabela. De la Rosa fue masón. Sabe que la iglesia desacreditaba a los masones y los asociaba con la cosa mala, con el diablo. Decían que este señor se había metido en la iglesia a caballo. Ese era el pecado mayor que podía cometer una persona en el siglo XIX.

Monse consiguió los documentos donde constaba que esa finca la había comprado mi abuelo. Además, se fue al Registro Civil y consiguió documentos sobre mí, y yo le dije que es mejor que pare porque puede encontrar algo sobre mí que no me convenga.

Bueno, el lastre de la cosa mala aparece en varias de mis novelas; pero claro, eso son leyendas, algo que no ocurrió. Pero ahí es donde está la historia y el mito. Donde la historia y los acontecimientos se interpretan en una tercera dimensión. Y posiblemente eso del hombre y la cosa mala es cosa de la cuarta dimensión. La verdad aunque se invente no deja de ser verdad. La verdad, aunque inventada, no deja de ser verdad por ser inventada. Y eso, pues, tiene mucho que ver con los que hacemos libros o hacemos novelas. Inventamos verdades que a la postre salen verdad porque la gente acepta lo que lee, lo que un autor ha hecho. Lo acepta como una verdad. Luego creen una verdad inventada, pero tenía tantos visos de verdad que es verdad. Luego, por ser inventada, la verdad deja de ser verdad. Parece una cosa pitagórica, o lo que quiera, pero hay mucha realidad en eso que digo. Ese es mi concepto de crear novelas: "Que la verdad por ser inventada no deja de ser verdad."

Una cosa que me preocupa en los libros míos es que he tratado de buscar, de traer o descubrir la identidad del puertorriqueño en las obras mías. Puede ser que esté buscando esa identidad por un camino no usual o poco transitado; por tanto esté yo tratando de inventar verdades para conseguir la verdad. La VERDAD (con letras mayúsculas) de que somos nosotros.

Como dicen los franceses: "Nous sommes faites de la même matière de rêves". (Estamos hechos de la misma materia de los sueños). Y eso en Francia es una verdad y entre nosotros es una verdad porque desde que el mundo es mundo, desde Adán y Eva hacia acá, ¡cuidado que los novios se dicen embustes!

Para los enamorados, los embustes son las verdades más grandes del mundo. Y se ha venido repitiendo la misma cosa desde Adán y Eva: los mismos entornamientos de ojos, las mismas mentiras que parecen verdades para cada persona... Luego eso es una verdad que no tiene que redescubrirse porque está ahí. Y si no fuera por esos embustes que se dicen los novios, no hubiera cuatro mil millones de habitantes en el mundo. Y eso es muy agradable, muy agradable, Ruth.

Ruth, no sé si fue en *Cauce sin río* que yo hacía algunas especulaciones con el nombre de Ruth. La espigadora es un personaje que junto con la del "Cantar de los Cantares" de Salomón, son de los personajes más atractivos que tiene *La Biblia*.

R.E.O. *En* El fuego y su aire *utiliza usted a una Ruth como la mujer que le quita la jesusidad a Pedrito Cerame...*

E.A.L. ¿Ve? La jesusidad es una cosa. Del hombre no se puede hablar de virginidad porque ningún hombre podría ser virgen. Yo me imagino que debe ser Jesús, a pesar de lo que dice D. H. Lawrence. Dice que cuando lo bajaron de la cruz se fue a vivir con la Magdalena. Si tiene la oportunidad de leer *The Man Who Died* de D. H. Lawrence, léala.

Este autor tiene como un manía sexual. Vino a Arizona a escribir un libro sobre las relaciones sexuales de los insectos. Pero él tiene libros extraordinarios como este libro clásico que se ha llevado al cine y que mucha gente cree que es muy sexual y otras gentes creen que es muy puro. Este libro es sobre la vida de Cristo que presumiblemente bajó de la cruz y convivió con la Magdalena. Desde un punto de vista religioso es una profanación; pero claro, por puro interés se puede leer. D.H. Lawrence tiene aberraciones, pero es un gran autor.

R.E.O.   *El personaje de la solterona se reitera una y otra vez en su obra, ¿por qué?*

E.A.L.   Bueno, sabe que aquí en Puerto Rico, sobre todo cuando la mujer no se graduaba, —la mujer ahora se gradúa de matrimonio—, también antes se graduaba de matrimonio, pero ahora la mujer se gradúa de médico o de abogado, o lo que sea; y por tanto, no hay tantas solteronas como las había antes.

Porque antes la mujer se casaba para encontrar un marido que la pudiera mantener; hoy día no. En consecuencia, la mujer que aspiraba a un matrimonio bien, prefería quedarse solterona. Por eso en todos los pueblos siempre había una solterona; a veces famosas, como aquellas solteronas que nunca salían y cuando salían era a la iglesia...

Recuerdo que cuando llegaron los americanos a Ramey Field la gente hablaba de que habían sacado de penas y quebrantos no sé a cuántas solteronas... Y de hecho, el pueblo cambió con eso porque muchas que habían permanecido solteras por más de una generación fueron liberadas de ese sobrenombre de solteronas.

Recuerdo una señora, —de cuyo nombre no quiero acordarme—, de Aguadilla, que cuando se casaron unas solteronas, vino de Aguadilla a contárselo a doña Carmen Gómez Tejera y sin recordar la señora que doña Carmen no se había casado tampoco. Luego se dio cuenta y se avergonzó muchísimo.

En fin, como eso existía, era una realidad; por eso pasa a la novela. ¡Persona real tan viva, tan vibrante!

En el pueblo en que me crié, en Aguadilla, había varias solteronas. Aguadilla era un pueblo pobre y muchas de esas muchachas aspiraban a una vida mejor. No querían casarse con cualquiera. Tan es así que por ejemplo en Isabela conocí varias casas donde había varias solteronas. Especialmente esos antiguos hacendados como Néstor Saavedra. De hecho, don Fernando Saavedra tenía cuatro o cinco hijas, —gruesísimas—; de modo que incluso había hasta una tradición de solteronas en la familia. Y la soltería es dramática cuando hay problemas de familia; cuando se presenta un partido y no lo quieren en la casa, entonces crea unos problemas, unos conflictos, y esos son los conflictos que aparecen generalmente en mi obra.

En *La llamarada* son las Alzamora. En *Cauce sin río*, en *Solar Montoya*, en la obra dramática *La resentida* también las hay. Y las hay también en las otras obras. Es una realidad de Puerto Rico. Era tan común este tipo de persona, pero ya eso se va acabando porque tan pronto como la mujer comenzó a tener carrera y comenzó a salir de la casa y a ser independiente, pues ya nadie piensa en la solterona como la mujer que no se casó. Antes eran crueles con la mujer que no se casaba.

Ahora, también hay otra cosa muy dolorosa. Conocí a una discípula mía a quien apreciaba mucho. Hacía unos cuantos años que era maestra y aún no se había casado porque dependían de ella todos los sobrinos que nacían, o se los echaban a ella. Ella los educaba. Además el padre, que tenía un puesto en la plaza del mercado, dejó el trabajo para vivir de la hija. De modo que antes también había muchos familiares crueles con las hijas. Las mandaban a educar para que ellas a su vez educaran a los demás hijos, y los padres se desatendían.

Esta muchacha, cuando tenía ya veintiocho o veintinueve años, vino donde mí. Teníamos una gran amistad. Vino donde mí para decirme que se le había presentado un pretendiente. Un muchacho Ponce de apellido. Que qué creía yo de él.

Le dije: "Mira, creo que tú debes aceptarlo". Y me dijo: "Pero, ¿qué va a ser de mi papá? Yo tengo que atenderlo, y a mi sobrino que vive en casa y se está educando".

Dije: "Tú, cásate con él. Si puedes ayudarles en algo, ayúdales y si no puedes no los ayudas. Porque es un peso que está grabando sobre ti y perturbando tu vida. Si ellos no lo aceptan, después que tú lo aceptes, tú eres la que manda".

Decidió aceptar el consejo que le daba, pero después vino donde mí y me dijo: "No pude resistir el llanto de mi familia". Y no pudo. Se quedó soltera.

Luego, andando el tiempo, aquí en el cuadrángulo de la Universidad yo voy pasando y oigo que alguien me dice: "Adiós, Enrique. Enrique, adiós". Una viejita y me dije: "¿Quién será ésta que me conoce tan bien? Me dice Enrique". Y me fui acercando y no la reconocía.

Me dijo: "Me parece mentira que no me reconozcas". Era Inés que se había avejentado tanto que estaba hecha una viejita, pero prematuramente. La pobre muchacha se había dedicado a criar sobrinos.

Es de una crueldad incalificable porque una mujer, una persona, tiene derecho a vivir su vida. Una mujer tiene derecho a vivir su vida y a no servir de tiíta, de tite o de titi que es como le dicen a las tías. Y a lo mejor educan a esos muchachos y ellos siguen llamándole mi tía "jamona". Después que ella fue, no una tía "jamona" para él, sino una madre que dedicó todo su tiempo para educarlo; y la maltratan de palabras.

Yo le tengo compasión a ese tipo de mujer. Y por esa compasión que les tengo es que posiblemente aparecen en mi obra. Porque... en toda familia hay solteronas. Sobre todo cuando había mucha pobreza. Cuando la mujer no se podía casar porque no había hombres que pudieran casarse con ella y tenía que conformarse con vivir a la sombra de un hermano, de un padre viejo, a la sombra de un sobrino y vivir y hasta desvivir en esa casa. Ese es, a mi modo de ver, el motivo que me trae a incorporar este personaje en una obra mía.

¿La tía de Justito Plaza en *Cauce sin río*? En realidad son de aquí, de Río Piedras y Justito Plaza tiene otro nombre. Fue una figura muy grande en Puerto Rico. El mismo se reconoció cuando salió la obra. No fue Secretario de Instrucción, pero estuvo en el sistema educativo.

R.E.O.   *¿Cómo se explica que tantos personajes de sus novelas sean monjas o tengan predilección por el convento?*

E.A.L.   Ya eso es parte de la tradición. Sabe que la tradición española pedía que hubiese por lo menos un religioso o una religiosa en la familia. Y después, más adelante, un médico o quizás un abogado. Una tradición de familia, claro que en el caso religioso eso viene de España.

El otro día estuve en un pequeño convento cerca de Caguas. Yo andaba con una monja —¡Es curioso! Las monjas siempre me tienen mucho aprecio y cuando yo estaba en Ponce, incluso me invitaban a comer. Muchas monjas trabajan mucho, sin recompensa alguna y la gente no sabe eso. Yo las aprecio mucho—.

Pues, andaba yo con una monja. Me habían dedicado la Semana de la Lengua en El Turabo. Ella es profesora allí. Se prestó a llevarme. De paso, de allá para acá, ella me dijo: "Hombre, vamos a ver un convento nuevo; una casita de hermanas".

Entre las personas que estaban allí había una niña de Barranquitas. Debe tener de veintitrés a veinticinco años, y metida a monja. Muy hermosa muchachita, pero metida a monja. Y me dije: "¿Cómo es posible que esta niña tan joven está aquí?" Pues tenía gran vocación. Era de un barrio; de El Lechal de Barranquitas. Ni siquiera era del pueblo.

Así es que ese tipo de mujer que aspira al convento, sobre todo cuando tiene frustraciones, es también típico de la generación. Ya eso va de pasada, pero todavía quedan sedimentaciones; hace treinta años más que ahora, pero quedan. También, los hombres, a veces, predominan en un ambiente familiar y privan a la mujer de la libertad que ellos tienen.

En consecuencia, como describiese el teatro español que el honor de la mujer se refleja en el hombre. ¿Egoísmo del hombre, no? Hay dos conceptos del honor: honor como patrimonio del alma —según Calderón— y el honor como secuela del qué dirán. Casi todo el concepto del honor español es más por el qué dirán que el honor como patrimonio del alma.

O sea, una hermana tiene un novio. Los hermanos no han querido que se case con él, o ha tenido algún tropiezo —allá en Isabela se dice algún "tropezón"— con el novio. Entonces para resarcirse se mete al convento. Y eso es doloroso. Porque, ¿cómo va a ir a un convento a purgar por resabios de los demás? ¿De los hombres de la casa?

Toda esta civilización machista tiene un peso enorme; y la primera en aceptar el machismo es la mujer. La mujer es la primera en estimular el machismo porque cuando nace una niña no hace tanta fiesta como cuando nace un niño. De modo que nacer macho es un timbre de gloria y ser una chancleta es... Es así. Son los prejuicios a través del tiempo.

R.E.O. *Hay una discriminación muy marcada ¿no?*

E.A.L. Sí, hay una gran discriminación. Yo, como siempre, he tomado la defensa de la mujer en mis novelas. Cuando hay una mujer que no es buena es por cualquier razón de orden que no tiene nada que ver con su estado de ser mujer. Por cualquier otra razón. Por ejemplo, Lucrecia Madrigal en *Los dedos de la mano* es como es. Lo mismo pudiera ser un hombre que por ser ambicioso es como es.

Pero las mujeres, como por ejemplo Carmencho, Marilola, son personas vistas con simpatía; con una gran simpatía. La devoción de Carmencho la veo también con una gran simpatía. Devoción de dos tipos: la devoción por el marido ciego a quien no quería abandonar porque después de todo estaba ciego e indefenso; y su devoción por Virrucho luego que se enamoró de él. De modo que el tipo de mujer devota aparece con bastante frecuencia en mi novela.

El personaje de *Los amos benévolos*, Estela... la pobre. ¿Quiere a un hombre más insufrible que Valencia? Yo mismo lo creé, pero es insufrible. Cuando la pobre mujer se estaba maquillando, él le decía: "Quítate dos años para que avances, porque si te vas a quitar diez te va a tomar mucho tiempo". Cruel, ¿verdad? Y esa crueldad se refleja en todos los actos de él con respecto a Estela. Ahora, la cobardía de él demuestra que él es así con Estela porque ella se ha supeditado, pero la americana no se le supeditó y pagó las suyas y las ajenas con la americana.

De modo que él es cruel con la mujer que se le supedita. Sin embargo, es un cobarde con la mujer que lo domina. Y con esto, pues, hay muchísimos tipos de mujeres en mis obras que se parecen a las relaciones de Estela con Valencia.

Esta mujer supeditada y triste; esta mujer que tiene un hijo con un señor prominente y luego el señor prominente trata de ocultar su hijo. Lo que pasa en *La ceiba en el tiesto*, por ejemplo. Gustavo Vargas es hijo de una pobre mujer y de un señor prominente que tiene ese hijo con ella y después no se ocupa más de él.

Había en Ponce el caso de un fiscal —que de su nombre tampoco quiero acordarme—, era hijo de una pobre mujer y de una figura prominente (como lo fue Baldorioty de Castro). Y andando el tiempo, él con su propio esfuerzo y con la ayuda de su madre se hizo abogado. Cuando se hizo abogado y estaba triunfando, el padre que nunca lo había procurado, se presentó a darle su nombre y su reconocimiento. Entonces, él sencillamente le dijo: "Yo me siento muy honrado en llevar el apellido de mi madre porque mi madre fue mi madre y mi padre al mismo tiempo. Así es que yo no necesito eso de usted ahora". Yo respeté mucho a ese señor desde que me dijeron eso.

Luego él murió y siempre me he quedado con el recuerdo de esa nobleza; de ese reconocimiento a la madre. Hay muchas personas que se abochornan, pero ese señor no. El estaba muy orgulloso en llevar el apellido de la madre y no le hacía falta el apellido del padre. ¡Bien hecho que se lo dijera al padre! Entonces el padre se fue muy mohíno...

Bueno, el caso de Sofía Loren, por ejemplo. La madre de Sofía tuvo esa hija con este señor que no se ocupó nunca de ella y la muchacha estuvo —si no lo fue— al borde de la prostitución cuando tenía trece o catorce años en las calles de Nápoles porque no tenían con qué alimentarse en plena guerra. Entonces el padre no se ocupó más de ella. Cuando ella se hizo de reputación internacional, se presentó para que ella lo atendiera. Ella le dijo: "No, a casa no vienes. Yo puedo, por cristianismo, ayudarle como a cualquier otra persona, pero como a padre no. Usted nunca fue padre mío".

Le tengo mucha admiración a Sofía Loren porque Sofía Loren no es frívola. Ella hace papeles de frívola, pero ella no es frívola. Es una persona de gran entereza de carácter. Yo la admiro, y tras esos incidentes de la vida de ella me llama más la atención porque no todas son así. Hay muchachas que se abochornan de que les haya sucedido eso en su vida y hacen de su vida una miseria; ella no.

R.E.O. *Otro tipo de mujer que usted incluye con frecuencia en sus obras es la puertorriqueña en New York. Por ejemplo, Rosana..*

E.A.L. Rosana es la de *El laberinto* y es una muchacha que incluso es revolucionaria porque está en el grupo de Lorenzi. Sí, éste es un tipo de mujer. Se encuentra este tipo de mujer que se rebela contra un orden de cosas impuestas por el hombre, hasta el punto de ponerse frente a un estado de cosas sociales. Cuando la mujer es misionera y se dedica a activismo es más persistente que el hombre mismo.

Pero hay otro tipo de mujer que es la nostálgica en New York. La mujer en *La ceiba en el tiesto* es la mujer que decía que se sentía triste; que le gustaría tener una ceiba en un tiesto por la nostalgia de Puerto Rico siempre presente en su vida. De modo que hay dos tipos de mujeres.

También hay otro tipo de mujer, en *El fuego y su aire,* por ejemplo. Es el tipo de mujer que se casa con un extranjero y desaparece su sentido de mujer puertorriqueña detrás de un apellido extranjero. En la zona suburbana de Nueva York —no en Nueva York propio, sino en la zona suburbana—, vi muchas puertorriqueñas casadas con polacos, con extranjeros. Dejan de utilizar el apellido paterno para aceptar el apellido del marido y son "Mrs." y viven al margen de todo lo que sea puertorriqueño.

Conocí a un matrimonio puertorriqueño que ahora vive en Miami. Luis se casó con una puertorriqueña también. Una hermana de la mujer de Luis estaba casada con un italiano. Me decía Luis que cuando la abuela le hablaba en español a los hijos del italiano, desde abajo él veía que los niños la mandaban a callar, que no le hablaran en "spiks" por temor a la rechifla de los otros italianos.

Quiere decir que hay un tipo de mujer que se cancela a sí misma detrás de un apellido extranjero. Está la mujer nostálgica que nunca deja de ser puertorriqueña, y está, entonces, esta mujer activista que cree en algo y quiere ponerlo en práctica.

En *Los amos benévolos* hay una escena que a mí mismo, después de escribirla, me conmueve a veces. Y es aquella escena en que el hijo está fuera, este señor Valencia se ha encerrado y no quiere hablar; entonces ella va a su cuarto y comienza a sacar las fotografías de cuando ella era María Antonia la reina, la reina de belleza, la modelo María Antonia. Comienza a compararse; se asoma al espejo y se ve. Se compara con María Antonia y siente un

dolor tan grande que acaba por arrojar aquellas fotografías y se echa a llorar porque había muerto María
Antonia. El recuerdo de María Antonia la ayudaba a vivir
porque es cuando ella triunfó. Ahora es la mesonera, y
además, el hijo se le había maleado y el marido que tuvo
era un "carilindo" —como ella decía— y se le escapó y no le
dijo nada. De modo que es un personaje patético e incluso
el patetismo de ella va parejo con las comidas. De modo
que cuando ella da la comida de Noche Buena está
evocando la Isla e incluso, evocando la Isla se le entrega.
De modo que ésta es una nostalgia que ella trae también a
Puerto Rico cuando regresa.

Siempre el recuerdo del pasado, con la manía de que
alguien la estaba persiguiendo, de estar copiando las
tablillas de los carros. Es un personaje patético. Desde el
principio hasta el final de la novela esta mujer es víctima;
hasta del hijo es víctima esta pobre mujer. Y de este tipo de
mujer hay tantas, sobre todo en mi familia. Donde quiera
hay mujeres víctimas y como he visto tanta mujer víctima, pues traigo a esa mujer a la novela.

¿Margarita Sandoval de *La llamarada*? La conocí, se
llamaba Margarita con otro apellido, pero se llamaba
Margarita y la conocí en casa de los dueños de la
Hacienda Palmares. Yo visitaba la hacienda y ella iba los
sábados junto con un grupo de muchachas de Aguadilla a
pasarse los días en esa hacienda.

Y también, en cierta medida..., en otro sentido, Lucrecia
Madrigal está americanizada. Lucrecia Madrigal es una
trepadora, y claro, como trepadora que es llega al extremo
de echar por la borda a un novio para aceptar a otro y
casarse con esa persona porque le va a dar medios para
subir. Primero, aquel pobre hombre que tomó por esclavo,
Adolfo. Adolfo es el hombre meñique en la vida de ella. El
hombre que se enamora platónicamente y que no es
correspondido. El hombre anular es el que nació para
marido y no otra cosa. (El hombre se supone que nació
para marido y amante y todo en una sola pieza de la

mujer.) Pero este hombre nació para llegar a dedo anular y es marido y punto.

Está ese hombre del corazón que es el hombre en quien piensa toda mujer, aun cuando esté bien casada y quiera a su marido. Es el novio que tuvo hace tiempo y piensa siempre en ese hombre del corazón. Entonces está el hombre índice que es aquel hombre que cree que todas las mujeres se enamoran y se pierden por él, el don Juan, ¿no?

Entonces está el hombre pulgar que es quien lo mide todo. El que es capaz de ponerle un candado a la nevera para que no cojan las cosas. Hay cinco tipos de hombres en la vida de ella.

Sí, Lucrecia es un personaje muy bien logrado, o sea, interpretado. Esa muchacha, Gladys Rodríguez, hizo el personaje muy bien. A Gladys la conozco porque como ella fue quien hizo el papel protagónico de *Los dedos de la mano;* sé que es muy buena actriz. La he tratado y sé que es muy buena como persona.

Lucrecia es un personaje complejo. Ella quería mucho a Juan, pero estaba supeditando su amor a los intereses para triunfar. Para ella, Soler fue el amor de toda su vida. Ella en cierta medida lo había traicionado y luego, casado él con Adelaida...

Hortensia era una solterona. Hija natural, como dicen aquí. Yo no veo que haya ningún hijo artificial porque todos los hijos son naturales.

Esa obra se desarrolla en un pueblito, Naranjales —Naranjito— que está entre dos cerros. Entonces en el valle está el pueblecito. Una familia distinguida en un cerro es una familia distinguida en otro cerro. Naranjito fue un pueblo tabacalero y había el despalillado de tabaco. Ahí, en ese pueblito, es que se desarrolla la obra con esas dos familias, en una de las cuales había una solterona.

En Dolores tiene un carácter de mujer interesante porque Dolores es la Luisa Capetillo; una mujer que en 1903 ó 1910 se vestía de hombre para hacer propaganda política socialista con Santiago Iglesias. Luisa Capetillo es un ser admirable y en esta Dolores yo estoy forjando ese carácter para recordar a Luisa Capetillo.

Ella era muy buena madre y al mismo tiempo mujer militante. Era una mujer que en todo tiempo estaba haciendo propaganda política. No era mami por eso, porque el hijo la conocía como a una líder política muy apreciada por Santiago Iglesias que en la obra tiene un nombre Villegas de apellido. Están disfrazados los nombres, pero fue para la época de la propaganda socialista de 1897 a 1915. Son veinte años de la vida del partido socialista.

Santiago Iglesias hizo una labor social muy buena en Puerto Rico; desde que llegó a Puerto Rico en 1897. De hecho, cuando los americanos llegaron a Puerto Rico, estaba preso en una cárcel que había donde está ahora el Archivo Nacional. Allí estaba preso él. En 1917 fue senador.

R.O. *¿Por qué la insistencia en el nombre de Dolores?*

E.A.L. También es un nombre que me llamó mucho la atención. Yo conocí de muchacho a una persona que se llamaba Dolorito. No es el Dolorito de *La resaca,* pero él se llamaba José Dolores y le decían Dolorito.

Dolores es un nombre que me gusta porque, naturalmente, está asociado a la pasión de tristeza de la Virgen con motivo de la muerte de su hijo. Dolores es un nombre religioso que lo mismo se le pone a un hombre que a una mujer. Pasa como con el nombre de Mercedes, René, María José, María... Siempre lo acompañan con otro nombre.

Otro nombre que he visto en hombres es Isabel. Pero Isabel le cae muy mal a un hombre. De cierto, tenía un amigo en Moca que se llamaba Beatriz. Se cambió el nombre. Le decían "Bea".

R.O. *En su obra aparecen varios personajes femeninos de la vida real. Por ejemplo: Nilita Vientós, Doña Fela, Marisol Maralet y otros.*

E.A.L.   Sí, también aparecen muchos hombres de la vida real. Aparece Ricardo Alegría, Isabelo Zenón...

A doña Fela, en *El fuego y su aire,* la presento con el moño y un abanico. En esta obra aparecen muchas personas de la vida real incorporadas hasta con sus propios nombres. Claro, que no me puedo extralimitar porque me pueden demandar.

Con Nilita, estoy haciendo alusión a los estudios que ella ha hecho de Henry James. Creo que pocas personas, no en Puerto Rico sino en el mundo americano, conoce la obra de Henry James tan bien como Nilita. Y todos los juicios que hace sobre Henry James son muy buenos. Nilita es una crítica muy buena. Además, yo admiro a Nilita; su profundo sentido cultural. Una persona que sostiene una revista casi por sí sola durante más de cuatro años tiene que tener dinamismo y tiene que tener dedicación para sostener una revista de ese modo. Tanto es así, que después que le quitaron la revista no sacaron más que un sólo número y cayó. *Sin Nombre* es la misma revista. Le puso *Sin Nombre* porque a *Asomante* le quitaron el nombre; y ella quería demostrar que una revista dirigida por ella "sin nombre" podía triunfar por sobre el mismo nombre de Asomante. Ya no se trata de un nombre, sino que se trata del dinamismo, de la inteligencia y la persistencia de la persona que le da aliento a la revista.

Bibliografía

Obras citadas

ACARON-RAMIREZ, MARLENE. "El cuento y la novela puertorriqueña en los últimos veinticinco años." *Revista de Letras* 1:2 (Junio de 1959) 330-359.

ACEVEDO DE QUINTANA, CAMELIA. "La mujer en la obra de Tapia." Tesis inédita. Universidad de Puerto Rico, 1981.

ACOSTA-BELEN, EDNA. *La mujer en la sociedad puertorriqueña.* Río Piedras: Huracán, 1980.

AGUIAR E SILVA, VICTOR MANUEL. *Teoría de la literatura.* Madrid: Gredos, 1978.

ARROYO, ANITA. "La novela en Puerto Rico." *Revista del Instituto de Cultura Puertorriqueña.* 8:28 (Julio-Septiembre de 1965) 48-54.

BAKER-MILLER, JEAN. *Hacia una nueva sicología de la mujer,* Traducción de Horacio González Trejo. Barcelona: Argos Vergara, 1978.

BEAUCHAMP, JOSE JUAN. *Imagen del puertorriqueño en la novela.* Río Piedras: Universitaria, 1976.

BRAU, SALVADOR. *Disquisiciones sociológicas.* Río Piedras: Edil, 1972.

BURGOS-SASSCER, RUTH. *La mujer marginada por la historia. Ensayos.* Río Piedras: Edil, 1978.

CABANILLAS, IRIS Z. "Drama de Laguerre es historia verídica." *El Mundo,* 15 de abril de 1959: 8-A.

CABRERA, FRANCISCO MANRIQUE. *Historia de la literatura puertorriqueña.* Río Piedras: Cultural, 1973.

CACERES, JOSE A. *Sociología y educación.* Río Piedras: Universitaria, 1970.

CASONA-SANCHEZ, OLGA. *La crítica social en la obra de Enrique A. Laguerre.* Río Piedras: Cultural, 1975.

COLOMBAN ROSARIO, JOSE. "Problemas sociales: La prostitución en Puerto Rico." Tesis inédita. Universidad de Puerto Rico, 1951.

Comisión de Derechos Civiles de Puerto Rico. *La igualdad de derechos y oportunidades de la mujer puertorriqueña.* San Juan: Estado Libre Asociado de Puerto Rico, 1973.

Diccionario de la lengua española de la Real Academia, 19ma. edición. Madrid: Espasa Calpe, 1970.

FERRER-CANALES, JOSE. "La despedida al profesor Laguerre." *El Mundo,* 1 de agosto de 1976: 14-C.

FIGUES, EVA. *Actitudes patriarcales: Las mujeres en la sociedad.* Madrid: Alianza Editorial, 1972.é

FROMM, ERICH. *El arte de amar.* Traducción de Noemí Rosemblatt. Barcelona: Paidós, 1980.

GONZALEZ, JOSE EMILIO. *"El laberinto".* Asomante, 19:2 (Abril-Junio de 1963) 70-76.

GONZALEZ, LYDIA MILAGROS. *La otra cara de la historia, Vol. I, 1900-1925.* Río Piedras: CEREP, 1984.

GUERRA-CUNNINGHAM, LUCIA. *La narrativa de María Luisa Bombal: Una visión de la existencia femenina.* Madrid: Playor, 1980.

GUEVARA CASTAÑEIRA, JOSEFINA. *Del Yunque a los Andes.* San Juan: Club de la Prensa, 1959.

HORNEY, KAREN. *Psicología femenina.* Traducción de María Luisa Balseiro. Madrid: Alianza, 1980.

HOSTOS, EUGENIO MARIA DE. "Por la enseñanza de la mujer". *Forjando el porvenir americano. Obras completas.* 20 vols. San Juan: Instituto de Cultura Pertorriqueña, 1969. 12: 1-35.

————. "Puntos para meditar un plan de educación común y universal". *Hombres e ideas. Obras completas,* 20 vols. San Juan: Instituto de Cultura Puertorriqueña, 1969. 19: 230-253.

JUNG, CARL. *Arquetipo e inconsciente colectivo.* Barcelona: Paidós, 1977.

————. *Man and His Symbols.* New York: Dell, 1968.

LAGUERRE, ENRIQUE A. *Cauce sin río,* 8va. edición. Río Piedras: Cultural, 1974.

————. "De hombres y de mujeres". *El Mundo,* 21 de febrero de 1981: 11-A.

————. *El fuego y su aire.* Buenos Aires: Losada, 1970.

————. *El laberinto,* 4ta. edición. Río Piedras: Cultural, 1974.

————. *El 30 de febrero,* 2da. edición. Río Piedras: Cultural, 1967.

————. *La ceiba en el tiesto,* 4ta. edición. Río Piedras: Cultural, 1978.

_____. *La llamarada*, 20ma. edición. Prólogo de Antonio S. Pedreira. Río Piedras: Cultural, 1975.

_____. *La resaca*, 9na. edición. Río Piedras: Cultural, 1971.

_____. *Los amos benévolos*, Río Piedras: Universitaria, 1977.

_____. *Los dedos de la mano*, 3ra. edición. Río Piedras: Cultural, 1978.

_____. *Polos de la cultura iberoamericana*. Boston: Florentia, 1977.

_____. *Pulso de Puerto Rico. Obras Completas*. 3 vols. San Juan: Instituto de Cultura Puertorriqueña, 1964. 3: 295-423.

_____. *Solar Montoya*, 3ra. edición. Prólogo de Concha Meléndez. Río Piedras: Cultural, 1978.

Ley 57 del 30 de mayo de 1973. Ley que crea la Comisión para los Asuntos de la Mujer. Estado Libre Asociado de Puerto Rico.

MARQUES, RENE. "*La ceiba en el tiesto,* la novela de Laguerre en nuestra literatura actual". *El Mundo,* primera sección, 19 de mayo de 1956: 20.

MARTINEZ-NADAL, ERNESTO. "Consideraciones sobre la novela *Cauce sin río* de Enrique A. Laguerre". *Revista del Instituto de Cultura Puertorriqueña* 7:22 (Enero-Marzo de 1964) 11-14.

MELENDEZ, CONCHA. *El arte del cuento en Puerto Rico. Obras Completas,* 4ta. edición. 15 vols. San Juan: Instituto de Cultura Puertorriqueña, 1964. 14.

_____. Prólogo a *Solar Montoya* de Enrique A. Laguerre. Río Piedras: Cultural, 1978.

MONSERRAT, MARIA DEL CARMEN. "La personalidad del puertorriqueño y los aspectos educativos en la novelística contemporánea de Puerto Rico". Tesis doctoral. Universidad Complutense de Madrid, 1979.

MORFI, ANGELINA. *La resaca, obra cumbre en el novelar de Enrique A. Laguerre.* San Juan: Instituto de Cultura Puertorriqueña, 1968.

PICO, ISABEL. "La mujer puertorriqueña y su participación en la vida pública". *La mujer marginada por la historia.* Ed. Ruth Burgos-Sasscer. Río Piedras: Edil, 1978.

_____. *Machismo y educación en Puerto Rico.* Río Piedras: Centro de Investigaciones Sociales, Universidad de Puerto Rico, 1983.

RIBES-TOVAR, FEDERICO. *La mujer puertorriqueña: su vida y evolución a través de la historia.* New York: Plus Ultra, 1972.

RIVERA MALAVE, LYDIA. "Los cuentos de Enrique A. Laguerre". *El cuento puertorriqueño en el siglo XX.* Río Piedras: Universitaria, 1963.

ROSA-NIEVES, CESAREO. "Enrique A. Laguerre-Vélez". *El Mundo,* 28 de abril de 1954: 11-A.

SANTANA MAIZ, MONSERRATE. "La mujer en la literatura puertorriqueña". Tesis inédita. Universidad de Puerto Rico, 1932.

TRIAS MONGE, JOSE. "Los derechos de la mujer". *Mandamus.* Boletín Informativo de la Asociación de Estudiantes de Derecho. Santurce: Universidad Interamericana, 1983.

VIOLA, MAGDA. "La sicología de la mujer". *La mujer en la nueva sociedad,* 2da. edición. Ed. E. Radius et al. Bilbao: Mensajero, 1971.

ZAYAS MICHELI, LUIS O. *Lo universal en Enrique A. Laguerre: estudio en conjunto de su obra.* Río Piedras: Edil, 1974.

Obras consultadas

AZIZE, YAMILA. *La mujer en la lucha.* Río Piedras: Cultural, 1985.

—————. *Luchas de la mujer en Puerto Rico.* San Juan: Litografía Metropolitana, 1979.

BEAUVOIR, SIMONE DE. *El segundo sexo.* Traducción de Pablo Palant. Buenos Aires: Siglo Veinte, 1979.

BLANCO-LAZARO, ENRIQUE T. *Proceso de la sociedad de consumo puertorriqueña.* Río Piedras: Edil, 1973.

DE CUADRA, PILAR. *Mujer y hombre, hoy.* Bilbao: Desclée de Brouwer, 1968.

FERRATER MORA, JOSE Y PRISCILLA COHN. *Etica aplicada: Del aborto a la violencia,* 3ra. edición. Madrid: Alianza, 1983.

GOMEZ DEL PRADO, CARLOS. "La preocupación por Puerto Rico en las novelas de Enrique A. Laguerre". *Revista del Instituto de Cultura Puertorriqueña* (Julio-Septiembre de 1964) 35-41.

GONZALEZ, JOSE EMILIO. *"El fuego y su aire". Sin Nombre* I:4 (Abril-Junio de 1971) 95-98.

GONZALEZ, JOSE LUIS. *"Los dedos de la mano* por Enrique A. Laguerre". *Asomante* (Julio-Septiembre de 1952) 93-94.

GUEVARA-CASTAÑEIRA, JOSEFINA. *"La ceiba en el tiesto,* impresiones sobre una novela". *El Mundo,* 28 de abril de 1956: 32.

ICKEN SAFA, HELEN. *Familias del arrabal: Un estudio sobre desarrollo y desigualdad.* Traducción de Ivette Torres. Río Piedras: Universitaria, 1980.

IRIZARRY, ESTELLE. *La llamarada, clásico puertorriqueño.* Río Piedras: Cultural, 1985.

LAGUERRE, ENRIQUE A. "Los puertorriqueños en Nueva York". *Puerto Rico Ilustrado* 41:2111 (30 de septiembre de 1950) 4-5:52.

LEWIS, GORDON K. *Puerto Rico: libertad y poder en el Caribe.* Río Piedras: Edil, 1969.

MALINOWSKI, BRONISLAW. *Sexo y represión en la sociedad primitiva.* Traducción de Laure Lerner. Buenos Aires: Nueva Visión SAIC, 1974.

MELENDEZ, CONCHA. "El llamado de la montaña". *Signos de Iberoamérica.* San Juan: Instituto de Cultura Puertorriqueña, 1970. 397-404.

RIVERA-RAMOS, ALBA NYDIA. *La mujer puertorriqueña: Investigaciones psico-sociales.* San Juan: CEDEPR, 1985.

PICO, ISABEL e IDSA E. ALEGRIA. *La mujer en los medios de comunicación social.* Río Piedras: Centro de Investigaciones Sociales de la Universidad de Puerto Rico, 1982.

RODRIGUEZ, RAMON. *"Los amos benévolos,* última novela del escritor Laguerre". *El Mundo,* 21 de octubre de 1976: 16:A.

SANCHEZ-VILAR, ISABEL. "Los títulos en la novelística laguerreana". *Revista del Instituto de Cultura Puertorriqueña* 10:37 (1960) 6-9.

SILEN, JUAN ANGEL. *Hacia una visión positiva del puertorriqueño.* Río Piedras: Antillana, 1976.

SUED-BADILLO, JALIL. *La mujer indígena y su sociedad,* 2da. edición. Río Piedras: Antillana, 1979.